TOP'ACTUEL

DROIT DE L'IMMOBILIER 2021-22

Serge Bettini
et Sophie Bettini

hachette

Dans la même collection

▶ *Micro-entrepreneur 2021/2022*

▶ *Droit des assurances 2021/2022*

▶ *Droit des sociétés 2021/2022*

▶ *Droit du travail 2021/2022*

▶ *Fiscalité 2021/2022*

▶ *Fiscalité du patrimoine 2021/2022*

▶ *La paye 2021/2022*

▶ *Comptabilité 2021/2022*

▶ *Plan comptable général 2021/2022 (liste intégrale des comptes), autorisé aux examens et concours*

Les informations données dans cet ouvrage sont à jour au 31 décembre 2020.

Maquette intérieure : OPIXIDO
Couverture : Christelle Defretin
Réalisation : Jérôme Pagès
Édition : Élisabeth Sanchez

www.parascolaire.hachette-education.com
ISBN : 978-2-01-714727-5

SOMMAIRE

Droit de l'immobilier

Financement

Fiscalité

Transactions

Gestion locative

La copropriété

LA LOI HOGUET

DÉFINITION

L'agent immobilier est un intermédiaire dans la vente de biens immobiliers ou mobiliers (licences, fonds de commerce) pour le compte d'un client, le **mandant** ; il en devient le **mandataire** en concluant un **mandat** (obligatoire). Il n'y a pas d'obligation de résultat, mais une **obligation de moyens** à mettre en œuvre pour aboutir à la vente. Il perçoit une commission seulement à la signature de la vente.

L'agent immobilier peut également avoir un rôle de **gestionnaire** de biens immobiliers qui lui sont confiés par des propriétaires bailleurs afin de gérer, en leur lieu et place, les locations. Il possède un mandat de gestion.

L'agent immobilier peut être aussi syndic de copropriétés. Il assure sa mission en ayant un contrat de syndic.

1 - LÉGISLATION

L'activité de l'agent immobilier est régie par la loi du 2 janvier 1970 (dite loi Hoguet) et son décret d'application du 20 juillet 1972.

Ces textes sont mis régulièrement à jour : le décret du 5 février 1993 puis du 29 juin 1995 ; en 2005 le décret 1315 (21 octobre 2005), applicable à compter du 1er janvier 2006. Des réformes interviennent au 25 octobre 2013 (loi Alur).

2 – LA CARTE PROFESSIONNELLE

Pour exercer, il faut posséder la carte professionnelle transaction et/ou gestion pour pratiquer les deux activités. Cette carte, délivrée par la Chambre de Commerce d'implantation de l'agence, est d'une durée limitée à 3 ans (coût 120 €). La loi définit les conditions de son obtention :

L'aptitude professionnelle

- Diplôme d'État niveau Bac + 2 ou 3 sanctionnant des études juridiques, économiques ou commerciales (BTS Professions Immobilières par exemple) ;
- diplôme universitaire (licence de droit, ICH) ;
- diplôme de l'Institut d'études économiques et juridiques appliquées à la construction ou à l'habitation (option vente ou gestion d'immeubles).

Enfin, faute de l'un des diplômes reconnus, la carte pourra être donnée à un professionnel justifiant de 10 ans d'expérience dans l'immobilier, ou de 4 ans s'il occupe un poste de cadre.

La capacité

La loi a pour but d'interdire l'accès à la profession à deux types de personnes :

- les personnes frappées de condamnations pour faux, usage de faux, recel, vol, escroquerie, abus de confiance, banqueroute, émission de mauvaise foi de chèques sans provision, corruption de fonctionnaire, atteinte au crédit de l'État, faux témoignage, faux serment, subordination de témoins, proxénétisme ;
- les titulaires de certaines fonctions non compatibles : officiers ministériels agréés, avocats, notaires, greffiers, liquidateurs judiciaires, les titulaires d'un mandat parlementaire, les titulaires d'une fonction publique.

⚠ REMARQUE

Les notaires sont toutefois habilités à pratiquer la **négociation immobilière**. Les honoraires sont réglementés. Ils ne peuvent afficher les biens à vendre en vitrine extérieure. Cette activité doit rester accessoire dans l'étude.

La garantie financière (art. 28 du décret)

Pour chaque activité qu'il pratique, l'agent immobilier doit avoir une caisse de garantie.

- **Transaction** : montant minimum 110 000 €.

Une dérogation est possible – loi du 23/07/2010 (art. 38) – si l'agent immobilier s'engage, sur l'honneur, à ne percevoir aucun fonds, effet ou valeur de la part de ses clients (montant 30 000 €).

- **Gestion** : montant minimum 110 000 €.

Le montant des caisses de garantie doit être augmenté chaque fois que les fonds détenus sont susceptibles de dépasser son montant. L'identité de la caisse de garantie et son montant font l'objet d'un affichage obligatoire dans l'agence à la vue de la clientèle et sur les imprimés commerciaux.

3 – LES OBLIGATIONS

L'agent immobilier, comme tout commerçant, est **inscrit au registre du commerce** et tient les livres comptables et autres. En plus, il doit détenir un registre des mandats, un registre répertoire et un carnet de reçus.

Il doit afficher le tarif de ses prestations (en vitrine et à l'intérieur de l'agence).

Les **caisses de garantie** opèrent des contrôles et peuvent retirer leur garantie (publication dans les annonces légales). Dans les cas graves, la caisse doit informer le préfet qui peut retirer la carte. L'agence ne peut alors plus exercer.

Une **formation continue** est obligatoire (décret 2016/173), elle est de 28 h en 2018 (programme imposé, coût : environ 300 € par jour).

SOLIDARITÉ ET RENOUVELLEMENT URBAIN

LÉGISLATION – LOI DU 13 DÉCEMBRE 2000

Lorsqu'un compromis ou une promesse de vente est remis en main propre, l'acquéreur immobilier bénéficie d'un délai de réflexion ou de rétractation qui est passé de 14 jours à 10 jours (loi Macron du 8 août 2015).

L'acquéreur qui reçoit l'acte doit écrire : « remis par (*nom du professionnel*), je déclare avoir pris connaissance qu'un délai de réflexion de dix jours m'est accordé par l'article L 271-1 du Code de la construction et de l'habitation et qu'il court à compter du lendemain de la date inscrite de ma main sur le présent projet soit à compter du… ».

1 – DÉLAI DE RÉTRACTATION

Si le vendeur d'un bien se déplace dans une agence afin de signer un mandat de vente, il a effectué une démarche commerciale réfléchie. L'agence prend ce bien à la vente. Chaque partie va remplir ses obligations contractuelles. Le vendeur pourra mettre fin au mandat, au terme d'une période prévue au contrat. La loi SRU entend protéger l'achat par impulsion qui pourrait mettre l'acquéreur en surendettement. La promesse est effectuée sous seing privé (en agence).
L'acquéreur signe et verse éventuellement un acompte pouvant être de 10 %. Il dispose d'un délai de 10 jours pour se rétracter. La promesse est annulée, l'argent versé est rendu dans les 21 jours. C'est le délai de rétractation LR + AR ou tout autre moyen présentant les mêmes garanties.

2 – DÉLAI DE RÉFLEXION

Le délai de réflexion est pratiqué chez un notaire. Ce sera le cas où l'acquéreur passe à l'**acte d'achat sans compromis** ou en VEFA, le délai de réflexion s'exerce entre la réservation et l'acte authentique : 10 jours.
L'acquéreur potentiel va s'engager à acheter le bien en signant un compromis. Si celui-ci est signé chez le notaire, ce dernier doit envoyer le texte de la promesse à l'acquéreur (LR + AR) qui après réception, bénéficie d'un délai de 10 jours avant de s'engager : c'est le délai de réflexion.

⚠ REMARQUE

Si la promesse sous seing privé n'a pas pour objet l'acquisition d'un immeuble à usage d'habitation ou que l'acquéreur n'est pas un « non professionnel », la loi SRU ne s'applique pas (art. 271 - 1 du CCH).

3 – LE LOGEMENT DÉCENT

La loi SRU est complétée par le décret du 30 janvier 2002. Elle entend lutter contre l'insalubrité. Le bailleur ne peut louer qu'un logement décent.

• **Il est en bon état d'entretien** (clos, couvert, menuiseries, garde-corps).
– Matériaux de construction : canalisations et revêtements sont sans risques.
– Les réseaux : gaz, électricité et chauffage sont conformes aux normes.
– Les ouvertures et ventilations permettent un renouvellement d'air adapté aux besoins. Les pièces principales bénéficient d'un éclairement suffisant et d'un ouvrant donnant à l'air libre ou d'un volume vitré donnant à l'air libre.

• **Il comporte les éléments d'équipement et de confort suivants :**
– Une installation permettant un chauffage normal, muni des équipements et adapté au volume à chauffer.
– Une installation distribuant l'eau potable avec pression et débit suffisant avec évacuation des eaux usées et eaux vannes avec siphon.
– Le coin cuisine comprenant un évier, eau chaude, coin cuisine aménagé.
– Une installation sanitaire : WC séparé de la cuisine (admis sur le palier), douche ou bains, eau chaude, aménagé pour la toilette et garantissant l'intimité.
– Le réseau électrique permet un éclairage suffisant de toutes les pièces et le fonctionnement des appareils ménagers courants indispensables.

• **Le volume habitable** est d'au moins 20 m^3. La pièce principale a une surface habitable d'au moins 9 m^2 avec une hauteur sous plafond au moins égale à 2 m 20.

• À partir du 1er janvier 2018, tous les logements donnés en location doivent être protégés contre les « infiltrations d'air parasite » (décret n° 2017-312 du 9 mars 2017).

4 – LA LOI SRU IMPOSE UNE OFFRE DIVERSIFIÉE

La loi SRU impose également une offre diversifiée à la location, à l'achat et dans les deux cas en secteur libre ou social. La loi Dalo du 5 mars 2007 institue le droit au logement opposable et complète la loi du 17 janvier 2002 (art. 158), dite de modernisation sociale, qui stipule qu'aucune personne ne peut se voir refuser la location d'un logement en raison de son : origine, patronyme, apparence physique, sexe, situation de famille, état de santé, handicap, mœurs, opinion politique, activité syndicale, appartenance à une ethnie, nation, religion déterminée. La loi Perben, en 2004, aggrave la sanction pesant sur l'auteur de la discrimination.

FICHE 3 ÉVOLUTION DU LOGEMENT, DE L'AMÉNAGEMENT, DU NUMÉRIQUE

■ LÉGISLATION

La loi ELAN n° 2018-1021 du 23 novembre 2018 comprend 234 articles qui se décomposent ainsi :
TITRE I : Construire plus, mieux et moins cher (art. 1 à 80) ;
TITRE II : Évolution du secteur logement social (art. 81 à 106) ;
TITRE III : Répondre aux besoins de chacun et favoriser la mixité sociale (art. 107 à 156) ;
TITRE IV : Améliorer le cadre de vie (art. 157 à 234).

1 – L'ÉVOLUTION DU LOGEMENT

De nombreuses réformes attirent l'attention tant des propriétaires-bailleurs que des locataires concernés et donc des investisseurs. Nous citerons :

• **L'encadrement des loyers :** il favorise le développement des observatoires locaux des loyers (OLL) pour plus de transparence. Cet encadrement sera obligatoire dans les zones tendues. Il ne concerne pas les baux en cours, mais s'appliquera au moment du renouvellement du bail arrivé à échéance ou lors de la conclusion d'un nouveau bail. À Paris, depuis le 1er juillet 2019, le plafonnement des loyers est entré en vigueur pour les baux signés après cette date (art. 140 loi ELAN, pour une durée expérimentale de 5 ans). D'autres villes suivront.

• **Création du bail à mobilité réduite :** concerne le logement meublé, durée de 1 à 10 mois, non renouvelable, sans dépôt de garantie (visale).

• **Caution :** la partie écrite de la main du cautionnaire sur un acte de caution n'est plus obligatoire. C'est la signature qui valide l'acte.

• **Bureaux :** la loi ELAN favorise la transformation de bureaux en logements.

• **Expulsion :** les squatters peuvent être expulsés toute l'année, car ils occupent des locaux sans droits ni titres (à l'inverse, des locataires, en difficulté de paiement qui sont couverts par la trêve hivernale – 1er novembre au 31 mars).

• **Locations touristiques :** renforcement des contrôles, si la commune en fait la demande, les loueurs devront fournir un décompte annuel des nuitées (suivant les communes, la location peut être d'une durée de 90 à 120 jours). Le logement loué doit alors être déclaré. Des sanctions peuvent aller jusqu'à 10 000 € d'amende.

2 – LE LOGEMENT SOCIAL

La loi ELAN se penche également sur le logement social et propose aux sociétés d'HLM d'examiner, tous les 3 ans, en commission, l'occupation des logements, afin de favoriser les locataires occupant un grand logement, d'opter pour un logement plus petit (personnes seules ou couples dont les enfants sont partis par exemple, occupant un 4 pièces).

3 – L'URBANISME

La loi ELAN veut simplifier les règles d'urbanisme en simplifiant les demandes de permis de construire qui bloquent de nombreux chantiers de construction.

Les délais de jugement s'en trouveraient raccourcis (moins de 10 mois).

4 – LE NUMÉRIQUE

On le trouve partout dans la vie courante, et la loi ELAN ne peut pas rester indifférente. Ainsi, elle admet que certains documents liés au bail peuvent être dématérialisés : les diagnostics, le règlement de copropriété, l'acte de caution. C'est un pas vers le bail numérique !

L'un des derniers décrets parus sur le sujet rend possible la participation des copropriétaires aux assemblées générales par visioconférences, audioconférences ou par tout autre moyen de communication électronique.

LES MANDATS

DÉFINITION

En application du nouveau règlement général sur la protection des données (RGPD), entré en vigueur dans l'Union européenne le 25 mai 2018, ont été intégrées au document d'informations précontractuelles (DIP) toutes les informations utiles permettant d'obtenir sur un même document, les accords sur l'acceptation de la mission et du traitement de la protection des données clients. La loi Hamon (14 juin 2014) impose au professionnel de communiquer au consommateur, préalablement à la signature de tout mandat (de vente, de location, de gestion, de recherche…), un certain nombre d'informations, notamment son identité, ses coordonnées postales, téléphoniques et électroniques, les caractéristiques essentielles du service prévu, son prix, la durée de l'engagement (art. L 111-1 et suivants du Code la consommation).

1 - LES MANDATS DE VENTE

• **Le mandat simple** permet au vendeur (le mandant) de donner à la vente son bien, dans plusieurs agences, et de se réserver le droit de traiter directement avec un client non présenté par une agence. C'est une situation inconfortable pour chaque agence (le mandataire) et même désagréable pour les clients qui vont trouver le même bien dans plusieurs agences et quelquefois à des prix différents.
• **Le mandat semi-exclusif** donne l'exclusivité de vente à une seule agence, ce qui est plus sécurisant pour elle. Elle peut engager des frais de publicité puisqu'elle est sans concurrence, mais le mandant peut toujours vendre de son côté.
• **Le mandat exclusif :** plus difficile à obtenir, il permet à l'agence d'être seule à présenter ce bien sur le marché ; même le vendeur ne peut vendre son propre bien, de son côté, sans passer par l'agence. Le mandataire peut développer tous ses moyens, étant donné qu'il est le seul à présenter ce bien sur le marché pendant le délai prévu.

2 - LE MANDAT DE RECHERCHE

Le mandat de recherche permet à une agence de rechercher un bien, dans un secteur, dans une fourchette de prix, pour le compte d'un acquéreur potentiel qui lui signe ce type de mandat. Il permet également à l'agence de se protéger des vendeurs qui veulent bien vendre mais ne veulent pas s'engager vis-à-vis de celle-ci. Si l'affaire se conclut, c'est l'acquéreur qui réglera la commission d'agence.

3 - LE DÉMARCHAGE À DOMICILE

Réglementé par la loi n° 72-1137 du 22 décembre 1972 (Code pénal). Tous les mandats de vente, sous peine de nullité (art. 2), seront établis dans une présentation différente. Un formulaire détachable donne au mandant la faculté de se rétracter dans un délai de 14 jours (LR + AR). L'agent immobilier doit attendre la fin de ce délai pour mettre ses publicités en publication.

4 - DURÉE

Le **terme d'un mandat** doit être indiqué, sous peine de nullité. Il peut s'ajouter une période limitée (tacite reconduction). La **convention** entre les parties est déterminante. Elle sera souvent, pour un mandat exclusif, de 3 mois irrévocables et la reconduction d'un an. La **résiliation** s'effectue en LR + AR. En 2012, une loi interdit la « tacite reconduction » sans limitation dans le temps.

5 - LES MANDATS DE GESTION

L'agent immobilier est ici dans le rôle d'administrateur de biens, soit en gestion locative soit en syndic.

• **Gestion locative :** il s'agit d'un mandat de gestion par lequel le propriétaire bailleur confie à un mandataire (régisseur) le soin de gérer en ses lieux et place, le bien confié. Le contrat va fixer la mission du mandataire.

Les mandats de gestion sont enregistrés au registre des mandats de gestion. Les biens confiés en gestion sont variés : logements vides ou meublés, garages, parkings, bureaux, locaux commerciaux, entrepôts...

Par exemple, s'il s'agit d'un logement vide : rechercher le locataire, le sélectionner, faire signer le bail, les actes de caution, faire l'état des lieux, percevoir les loyers et provisions sur charges, régler les factures, taxes et appels de fonds (si copropriété), assurer la reddition des comptes avec le locataire chaque année et avec le propriétaire comme prévu au contrat.

• **Location saisonnière :** c'est un mandat de gestion particulier car le bailleur charge l'agence de rechercher des locataires pour occuper un logement meublé et équipé pour des séjours de vacances. Location à la semaine, à la quinzaine, rarement plus, le total ne devant pas dépasser 90 jours dans l'année (120 jours dans certaines communes). C'est un travail d'agences spécialisées (mer, montagne). La durée de validité peut être annuelle, reconductible.

• **Le contrat de syndic :** l'administrateur de biens prend la charge de gérer des immeubles en copropriété. Il est élu par le syndicat des copropriétaires réunis en assemblée générale (art. 25 de la loi du 10 juillet 1965).

Son rôle est le respect du règlement de copropriété, la gestion et l'administration, l'entretien de l'immeuble. Il convoque les assemblées générales, prépare l'ordre du jour, fait voter le budget et lance les appels de fonds, gère le personnel.

Un contrat-type est imposé par la loi ELAN.

LES PROMESSES

DÉFINITION

En matière immobilière : terrain, appartement, maison, la vente sera concrétisée quand les parties auront signé l'acte authentique devant notaire. Auparavant, acquéreur et vendeur (ou l'un des deux) s'engagent en signant un avant-contrat : la promesse.

LES DIFFÉRENTES PROMESSES

Il faut distinguer plusieurs types de promesses :

La promesse synallagmatique (appelée communément **compromis**)

Ici, le **vendeur** s'engage à vendre et l'acquéreur s'engage à acheter un bien précis à un prix déterminé, dans des conditions fixées d'un commun accord. **La vente est parfaite**, sauf à réaliser les clauses suspensives insérées (obtention d'un prêt par exemple).

L'acquéreur verse une somme, généralement fixée à 10 % du prix, qui est qualifiée d'arrhes ou d'acompte et qui sera séquestrée sur un compte spécial en attendant la conclusion de l'opération. La loi Macron permet à l'acquéreur de se rétracter pendant un délai de 10 jours suivant la signature ou la notification de la promesse (LR + AR). L'objet de la vente doit concerner un immeuble d'habitation. L'argent versé (arrhes) est rendu dans les 21 jours, ceci pour une promesse sous seing privé.

Si la promesse est faite sous forme authentique (notaire), l'acquéreur reçoit le projet d'acte (LR + AR), il bénéficie d'un délai de réflexion de 10 jours (loi Macron) avant de s'engager et de verser la somme prévue. L'agent immobilier délivre un reçu : au vendeur pour information et à l'acquéreur pour reconnaître le versement, et doit rentrer cette opération sur le registre répertoire (loi Hoguet). La date de signature de l'acte authentique est prévue au contrat.

La promesse unilatérale de vente

Elle se pratique dans la moitié nord de la France, donc à Paris. La démarche est différente de la précédente et ne manque pas d'intérêt pour l**e vendeur, appelé le promettant**. Le promettant s'engage à vendre son bien à tel prix, à un acquéreur éventuel qui ne s'engage pas à acheter. Il est le **bénéficiaire de la promesse**.

Une option est donc mise en place. Le promettant ne pourra pas disposer de son bien pendant la période fixée précisément. Le **bénéficiaire** verse une somme (10 % par exemple) qui est considérée comme une indemnisation de la période d'immobilisation du bien. Le bénéficiaire dispose, comme ci-dessus, du délai de rétractation de 10 jours. Les clauses suspensives sont à réaliser. Une date butoir est fixée.

Dans les 10 jours, cette promesse signée par les parties doit être obligatoirement enregistrée sous peine de nullité. À la date butoir, le bénéficiaire peut lever « l'option » (LR + AR ou équivalent), son versement devient acompte sur la vente. Il est engagé à acheter (il a une attestation de la banque accordant le prêt demandé). Le dossier peut aller à l'étude qui réalisera la vente. En revanche, si le bénéficiaire ne peut réaliser, à la date butoir, **une condition suspensive** (refus de prêt par exemple), la promesse est cassée, la somme versée est rendue. Mais, si le bénéficiaire change d'avis, ne veut plus acheter, ne dépose pas une demande de prêt prévue auprès des organismes de crédit, la promesse va être sans effet pour la suite après la date butoir. La somme versée va être remise au promettant au titre de l'indemnité compensatrice d'immobilisation.

La promesse d'achat

Elle dépasse l'offre d'achat, dans laquelle un acquéreur propose un prix souvent inférieur de 5 à 10 % du prix de vente fixé au mandat. Le **vendeur** peut accepter ou non ce nouveau prix. La **promesse d'achat est ferme** de la part de l'**acquéreur** qui s'engage sur la chose et sur le prix. Le vendeur n'est pas tenu de signer en donnant son accord. En revanche, sans rétractation possible, le vendeur peut contraindre son acquéreur à conclure. La promesse d'achat est rarement utilisée et reste dangereuse (pas de délai de rétractation).

La réservation dans le cadre d'une vente en l'état futur d'achèvement (Vente sur plan d'un immeuble à construire ou en cours de construction)

L'acquéreur signe un contrat de réservation sous seing privé, dont le contenu est réglementé, avec le promoteur. Il y a versement d'un dépôt de garantie de 5 % si l'immeuble doit être achevé dans les 2 ans. Un contrat est envoyé par la suite (LR + AR). Le **réservataire** bénéficie d'un délai de 10 jours de réflexion avant la signature si le contrat est signé devant notaire.

L'acheteur d'un terrain, même à bâtir, ne bénéficie pas de la rétractation.

• Voir fiche 22 : LA VEFA.

LES DIAGNOSTICS

DÉFINITION

Depuis le 1er novembre 2007, les diagnostics obligatoires sont réunis en un seul document : le **Dossier de Diagnostic Technique**. À la charge du vendeur, le DDT est à fournir au stade de la promesse de vente, à défaut à l'acte définitif à chaque mutation d'un lot de copropriété ou d'une maison individuelle. À la charge du bailleur pour certains, le DDT est à fournir à son locataire à la signature du bail. À ce jour, ils sont au nombre de 11.

1 - EN CAS DE VENTE (V) OU LOCATION (L)

Amiante (V/L)

- **Sont concernés :** logements dont le PC est antérieur au 01/07/1997.
- **Vérification :** calorifugeage, flocage, faux plafonds.
- **Validité :** illimitée en l'absence d'amiante, sinon : travaux, évaluation régulière.

Assainissement non collectif (V)

- **Sont concernés :** logements non reliés au « tout à l'égout ».
- **Vérification :** conformité de l'installation existante, sinon l'acquéreur dispose d'un an pour réaliser les travaux.
- **Validité :** 3 ans.

Diagnostic de performance énergétique-DPE (V/L)

- **Sont concernés :** tous les logements.
- **Vérification :** évaluation de la consommation annuelle d'énergie (grille de A à G) et des émissions de gaz à effet de serre (A à G).
- **Validité :** 10 ans.

État de l'installation intérieure gaz (V/L)

- **Sont concernés :** logements dont l'installation a plus de 15 ans.
- **Vérification :** évaluation de tous les appareils reliés aux canalisations (cuisson, chauffage, eau chaude) et aération, ventilation, évacuation.
- **Validité :** pour la vente : 3 ans, en location : 6 ans.

État de l'installation intérieure électrique (V/L)

- **Sont concernés :** logements dont l'installation a plus de 15 ans.
- **Vérification :** évaluation des risques électriques (cuisine, salle de bains, salon) et annexes (terrasse, garage, piscine).
- **Validité :** pour la vente : 3 ans, en location : 6 ans.

État des risques et pollutions (depuis le 03/08/2018)

- **Sont concernés :** logements situés dans les zones à risques.
- **Vérification :** évaluation des risques naturels de la zone (inondations, séismes…), si le bien est visé par un arrêté de catastrophes naturelles.

• **Validité :** 6 mois

Information sur le risque d'exposition au radon (V/L)

• **Sont concernés :** logements situés en zone à forte concentration de ce gaz radioactif (Bretagne, Corse, Massif central, Vosges…).

• **Vérification :** cette exposition doit être mentionnée dans l'état des risques naturels et miniers.

• **Validité :** décret en attente.

Information sur la mérule (V)

• **Sont concernés :** logements infestés de ce champignon du bois.

• Le vendeur ou le locataire sont tenus d'en informer la mairie.

État de présence de termites (V)

• **Sont concernés :** tous les logements d'une zone déclarée infestée par arrêté préfectoral.

• **Vérification :** charpente, combles, poutres.

• **Validité :** 6 mois.

Superficie privative (V)-loi Carrez, surface habitable (L)

• **Sont concernés :** tous les logements situés en copropriété verticale ou horizontale de plus de 8 m², les locaux commerciaux et professionnels

• **Vérification :** pour la vente : mesure en déduisant la surface occupée par les murs, escaliers, cloisons, marches, cage d'escaliers, gaines, embrasures des portes et fenêtres, surface sous plafond de moins de 1,80 m. Caves, garages et parking ne sont pas comptabilisés. En location : le bailleur doit indiquer, sur le bail, la surface habitable.

• **Validité :** illimitée.

Constat de risque d'exposition au plomb-CREP-(V/L)

• **Sont concernés :** logement dont le PC est antérieur au 01/01/1949.

• **Vérification :** revêtements, peintures anciennes.

• **Validité :** pour la vente : 1 an, si les concentrations de plomb sont élevées. Illimitée si pas ou peu de plomb. En location : 6 ans.

2 - DIAGNOSTICS DES PARTIES COMMUNES

Celles-ci sont soumises à des diagnostics obligatoires : le DTA (dossier technique amiante) pour les immeubles construits avant le 01/01/1997 ; le CREP (constat de risque d'exposition au plomb) pour les immeubles construits avant le 01/01/1949 ; le DPE collectif (diagnostic de performance énergétique collectif pour les immeubles équipés d'un chauffage collectif) ; un Audit énergétique à effectuer pour tous les immeubles de 50 lots et plus et dont le P.C. est antérieur au 01/06/2001.Tous ces documents doivent être annexés à la promesse de vente.

FICHE 7

L'HABITATION PRINCIPALE

DÉFINITION

L'habitation principale est le **logement occupé à titre habituel** par son propriétaire ou un locataire. Il faut y résider au moins 8 mois par an. C'est cette adresse qui sera donnée à l'administration et qui sera inscrite sur les documents : carte d'identité, carte grise, liste électorale, imposition.

1 - LA LOI DU 6 JUILLET 1989 ET SES MODIFICATIONS À CE JOUR

Cette loi est retouchée ou modifiée régulièrement. En matière de location, cette loi précise le droit fondamental au logement en fonction de ses ressources.

2 - LA LOI SRU DU 13 DÉCEMBRE 2000

Elle impose une offre diversifiée. Le décret du 17 janvier 2002 fixe entre autres les conditions d'habitabilité. Le bailleur ne peut louer qu'un logement décent.

3 - LA LOI DU 17 JANVIER 2002, ART. 148

Elle s'oppose à toute discrimination dans le choix des locataires.

4 - LA LOI BOUTIN DU 25 MARS 2009 (MOLLE)

Mobilisation pour le logement et la lutte contre l'exclusion (MOLLE).
Elle limite le cumul (caution d'un tiers + garantie des loyers impayés). Les quittances de loyers sont transmises gratuitement. La surface habitable du logement sera mentionnée dans le bail. Le délai d'expulsion est ramené à 1 an.

5 - DURÉE DU BAIL

La loi de 1989 concerne le bail d'habitation principale louée nue. Sa durée est de 3 ans (bailleur : personne physique) et 6 ans (bailleur : personne morale) au moins. Ce bail peut avoir exceptionnellement une durée inférieure à 3 ans pour raison familiale précisée au bail. Le bail, sauf congé du locataire, se reconduit tacitement arrivé à son terme, si le bailleur ne donne pas congé pour des raisons légales.

6 - LE CONGÉ

PAR LE LOCATAIRE

À tout moment du bail avec **un préavis** de 3 mois (LR + AR). Ce préavis peut être réduit à un mois dans certains cas précis à justifier (mutation, perte d'emploi, raison de santé, nouvel emploi, RSA...). Si les lieux sont inhabitables, insalubres, le préavis ne s'impose pas.

Par le bailleur

Au terme du bail avec préavis de 6 mois, en respectant un formalisme précis faute de nullité, le congé devra être motivé. Les cas sont limités : au motif de vente du logement (offre d'achat au locataire) ; au motif de l'habiter (le bailleur ou un membre de sa famille – ascendants ou descendants). Motifs sérieux : loyers impayés, défaut d'assurance, sous-location, démolition ou lourdes rénovations.

7 - LE LOYER

• **Dans les logements neufs :** depuis le 1er août 1997, le loyer est libre pour une première location, sauf dans les zones où les loyers sont encadrés.
Les bailleurs ayant acquis leur bien dans le cadre d'un régime fiscal (Robien neuf, Borloo neuf, Scellier, Duflot, Pinel…) doivent renouveler le bail en respectant les plafonds de loyer imposés chaque année suivant la zone de situation du bien.

• **Dans les logements anciens :** qui ne rentrent pas dans le cadre précédent. S'ils font l'objet d'une première location, le bailleur doit fixer son loyer par référence à ceux pratiqués dans le voisinage pour des logements comparables. La loi Alur encadre les loyers (fiche 8).

• **Pour les baux arrivant à leur terme,** le bailleur peut le reconduire par tacite reconduction en appliquant le jeu des indices. Mais s'il estime que le loyer est manifestement sous-évalué, il peut donner congé à son locataire dans les formes légales (LR + AR 6 mois avant le terme du bail) et proposer le renouvellement, mais avec un nouveau loyer.
Le bailleur devra fournir 6 références de loyer si le bien se situe à Paris, Lyon, Marseille et 3 références pour les autres villes, pour des logements à situation et confort comparables (1/3 seulement peuvent avoir moins de 3 ans). Si l'augmentation proposée dépasse 10 %, elle sera étalée sur 6 ans ; dans le cas contraire (moins de 10 %) : sur 3 ans. En cas de contestation, le litige peut se régler devant une commission départementale de conciliation. Le locataire réglera alors le loyer + la quote-part d'augmentation chaque mois, le tout subissant l'IRL.

8 - LES NOUVEAUTÉS APPORTÉES EN 2014 À LA LOI DE 1989

Le dépôt de garantie de 2 mois est ramené à 1 mois et doit être restitué 1 mois après la remise des clés. Le bailleur peut retenir 20 % maximum du montant dans l'attente des éléments lui permettant de régulariser les charges.
Un **bail type** est imposé à compter du 1er août 2015. Un « bail mobilité réduite » est instauré en 2017, sans dépôt de garantie, avec une durée de 1 à 10 mois pour les apprentis, les étudiants en formation ou stage (garantie visale).

FICHE **8** LES INDICES

DÉFINITION

Le bailleur, bien que ce ne soit pas une obligation, prévoit une indexation au loyer, accepté à la signature du bail. Ainsi, son loyer sera automatiquement révisé chaque date anniversaire annuelle (ou quelquefois triennale pour les baux commerciaux). C'est l'article 17 de la loi du 6 juillet 1989 qui fixe l'indice des baux d'habitation. Cet article, révisé plusieurs fois, impose depuis le 14 février 2008 une deuxième mouture de l'IRL.

1 – QUEL INDICE CHOISIR ?

Dans tous les cas, l'indice choisi sera le dernier connu (publié au *JO*) lors de la signature d'un bail. Il peut être en décalage de 6 mois. Dans les baux d'habitation principale : nous avons eu l'ICC (indice du cout de la construction) en 1953 (base 100 au 4e trimestre), puis l'ICC moyen (moyenne des 4 derniers trimestres) dès le 4e trimestre 1990 et jusqu'au 31 décembre 2005. Devant la flambée des loyers, un nouvel indice est applicable au 01/01/2006 : c'est L'IRL (indice de révision des loyers). Il est remplacé le 14/02/2008 par un nouvel IRL indexé sur l'augmentation du coût de la vie.

Tableau ICC et ICC moyen depuis 2005

Années	1er trimestre		2e trimestre		3e trimestre		4e trimestre	
	indice	moyenne	indice	moyenne	indice	moyenne	indice	moyenne
2005	1 270	1 269,50	1 276	1 271,75	1 278	1 273,25	1 332	1 289
2006	1 362	1 312	1 366	1 334,50	1 381	1 360,25	1 406	1 378,75
2007	1 385	1 384,50	1 435	1 401,75	1 443	1 417,25	1 474	1 434,25
2008	1 497	1 462,25	1 562	1 494	1 594	1 531,75	1 523	1 544
2009	1 503	1 545,50	1 498	1 529,50	1 502	1 506,50	1 507	1 502,50
2010	1 508	1 503,75	1 517	1 508,50	1 520	1 513	1 533	1 519,50
2011	1 554	1 531	1 593	1 550	1 624	1 576	1 638	1 602,25
2012	1 617	1 618	1 666	1 636,25	1 648	1 642,25	1 639	1 642,50
2013	1 646	1 649,75	1 637	1 642,50	1 612	1 633,50	1 615	1 627,50
2014	1 648	1 628	1 621	1 624	1 627	1 627,75	1 625	1 630,25
2015	1 632	1 626,25	1 614	1 624,50	1 608	1 619,75	1 629	1 620,75
2016	1 615	1 616,30	1 622	1 618,50	1 643	1 627,25	1 645	1 631,25
2017	1 650	1 640	1 664	1 650,50	1 670	1 657,25	1 667	1 662,75
2018	1 671	1 668	1 699	1 676,75	1 733	1 692,50	1 703	1 701,50
2019	1 728	1 715,75	1 746	1 727,50	1 746	1 730,75	1 769	1 747,25
2020	1 770	1 757,75	1 753	1 759,50				

Tableau de l'IRL depuis 2015

Années	1er trimestre		2e trimestre		3e trimestre		4e trimestre	
	indice	Publié au JO	indice	Publié au JO	Indice	Publié au JO	indice	Publié au JO
2015	125,19	16/04/15	125,25	23/07/15	125,26	16/10/15	125,28	14/01/16
2016	125,26	14/04/16	125,25	13/07/16	125,33	12/10/16	125,50	14/01/17
2017	125,90	14/04/17	126,19	13/07/17	126,46	12/10/17	126,82	12/01/18
2018	127,22	12/04/18	127,77	12/07/18	128,45	11/10/18	129,03	15/01/19
2019	129,38	11/04/19	129,72	11/07/19	130,59	15/10/20	130,26	15/01/20
2020	130,37	15/04/20	130,57	16/07/20				

2 – L'INDICE DES LOYERS COMMERCIAUX

Les autres baux que ceux de l'habitation : garage, local commercial, bureau... prennent l'ICC comme base de révision. Un nouvel indice est apparu en 2007 : l'ILC (indice des loyers commerciaux). Cet indice a pour but de tempérer la hausse des loyers commerciaux. Il est composé pour 50 % de l'indice mensuel des prix à la consommation (hors tabac et hors loyers), pour 25 % de l'indice du coût de la construction et pour 25 % de l'indice du chiffre d'affaire dans le commerce de détail. Le décret du 4 novembre 2008 précise que l'ILC est réservé aux activités commerciales et artisanales.

Tableau de L'ILC (base 100 au 1er trimestre 2014)

Année	1er trimestre	2e trimestre	3e trimestre	4e trimestre
2014	108,50	108,50	108,52	108,47
2015	108,32	108,38	108,38	108,41
2016	108,40	108,40	108,56	108,91
2017	109,46	110	110,70	111,33
2018	111,87	112,59	113,45	114,06
2019	114,64	115,21	115,60	116,16
2020	116,23	115,42		

Nota : l'ILC ne s'impose pas. Il fait l'objet d'un accord entre bailleur et locataire à l'occasion de la rédaction d'un bail neuf ou d'un renouvellement.

3 – L'INDICE DES ACTIVITÉS TERTIAIRES (ILAT)

L'ILAT s'adresse aux baux professionnels et activités tertiaires (Loi du 17 mai 2011 et décret du 29 décembre 2011). Le locataire peut opter pour l'ICC ou l'ILAT.

Tableau de l'ILAT

Année	1er trimestre	2e trimestre	3e trimestre	4e trimestre
2015	107,69	107,86	107,98	108,16
2016	108,20	108,41	108,69	108,94
2017	109,41	109,89	110,36	110,88
2018	111,45	112,01	112,74	113,30
2019	113,88	114,47	114,85	115,43
2020	115,53	114,33		

FICHE 9 LA LOI ALUR (27 MARS 2014) L'ENCADREMENT DES LOYERS

■ DÉFINITION

La ministre du logement, Cécile Duflot, a souhaité clarifier la situation du logement à travers la loi pour « l'Accès au Logement et un Urbanisme Rénové », qui modifie profondément les lois concernant l'habitation, la gestion locative et de copropriété, les métiers de l'immobilier (177 articles). En voici les 4 axes :

- **Favoriser les rapports bailleurs/locataires :**
  - – Diminuer le coût du loyer pour le locataire.
  - – Maîtriser les risques d'impayés pour le bailleur.
  - – Mise en place d'un loyer médian par zone (observatoire des loyers).
  - – Mise en place d'une garantie des loyers impayés (GLI) ou visale.fr (2016).
  - – Renforcer la formation, la déontologie et le contrôle des professions immobilières.
  - – Améliorer la prévention des expulsions.
  - – Favoriser les parcours de l'hébergement au logement avec la création modèle type de bail. Préconiser un état des lieux, une grille de vétusté.
  - – Créer de nouvelles formes d'accès au logement (habitat participatif) ;

- **Lutter contre l'habitat indigne, les copropriétés dégradées :** incitation des bailleurs à réhabiliter les logements, à éviter les logements divisés, suroccupés , insalubres et néanmoins loués chers ;

- **Améliorer la lisibilité et l'efficacité des politiques publiques du logement ;**

- **Moderniser l'urbanisme dans une perspective de transition écologique des territoires.**

Il modifie la loi du 10 juillet 1965 :

1 - LE VOLET COPROPRIÉTÉ

– le **compte séparé** devient obligatoire pour les copropriétés de plus de 15 lots. Le syndic ne pourra facturer des honoraires pour la tenue du compte séparé ;
– **constitution d'un fonds** d'un montant de 5 % du budget travaux prévisionnel (loi ALUR) ;
– **contrats de syndics formalisés** selon un modèle et honoraires forfaitisés (arrêté Novelli) ;
– **syndics plus encadrés** (commission régionale de discipline) ;
– **création d'un registre national** d'immatriculation des copropriétés (tenu par l'ANAH).

2 - L'ENCADREMENT ACTUEL DES LOYERS

• **Dans les zones tendues,** le loyer est encadré à la relocation vide ou meublée. Le bailleur ne peut l'augmenter que du montant de l'indice IRL (décrets du 07/2012 et du 01/08/2014).

• L'encadrement des loyers est entré en vigueur **le 1er août 2015,** à Paris *intra-muros*. Les loyers doivent respecter un plafond fixé par arrêté préfectoral et qui repose sur quatre critères :

– nombre de pièces ;
– date de la construction ;
– situation du bien ;
– type de location : vide ou meublée.

Ce plafond se calcule ainsi :

Plafond de loyer = Loyer de référence × Nombre de m^2

Il est nécessaire de rechercher le « loyer de référence » sur le site officiel.

La loi permet d'appliquer un « complément de loyer » si le bien présente « des caractéristiques de localisation et de confort par rapport à des logements de même catégorie situés dans le même secteur… » (art.17 de la loi du 06/07/1989 modifié par la loi Alur).

La loi reste cependant floue : une terrasse, un parking, une vue constituent-ils un confort supplémentaire ?

• Fin novembre 2017, les tribunaux administratifs ont annulé cet encadrement à Paris, mais aussi à Lille et à Grenoble, les loyers sont repartis à la hausse. Mais, le 1er juillet 2019, Paris a fixé un nouvel encadrement des loyers pour les baux nouveaux ou renouvelés. C'est aussi le cas de Lille, Lhomme et Hellemmes depuis le 1er mars 2020.

• Aix-Marseille, Lyon (agglomération) ont également encadré leurs loyers pour une durée expérimentale de 5 ans.

• D'autres communes ont suivi : agglomérations de Grenoble, Ajaccio, Annecy, Arles, Bastia, Bayonne, Beauvais, Meaux, Menton, Monaco, Montpellier, Nantes, Nice, Saint-Nazaire, Sète, Strasbourg, Thonon-les-Bains, Toulon, soit 412 communes.

LES ASSURANCES ET GARANTIES À LA CONSTRUCTION

DÉFINITION

Le système de l'assurance des risques de la construction a été rendu obligatoire par la loi Spinetta du 4 janvier 1978, notamment pour :
– l'assurance dommage-ouvrage (maître d'ouvrage) ;
– l'assurance de responsabilité (entreprises).

1 - L'ASSURANCE DOMMAGE-OUVRAGE

L'article 1792 du Code civil (loi n° 78-12 du 4 janvier 1978) stipule que tout constructeur d'un ouvrage est responsable de plein droit, envers le maître ou l'acquéreur de l'ouvrage, des dommages, même résultant d'un vice du sol, qui compromettent la solidité de l'ouvrage ou qui, l'affectant dans l'un de ses éléments constitutifs ou l'un de ses éléments d'équipement, le rendent impropre à sa destination.

Cette assurance doit être souscrite, avant l'ouverture du chantier, par toute personne physique ou morale qui agit en qualité de propriétaire, de vendeur ou de mandataire du propriétaire de l'ouvrage, par exemple :

- un particulier peut faire construire une maison individuelle ;
- le vendeur d'un immeuble à construire ou achevé ;
- le maître d'ouvrage délégué et le promoteur intervenant dans le cadre d'une promotion immobilière ;
- l'administrateur de biens faisant exécuter pour le compte du propriétaire des travaux (autres que le petit entretien) ;
- le syndic, au nom du syndicat des copropriétaires, dès lors qu'il fait exécuter des travaux de bâtiment susceptibles d'engager la responsabilité décennale des constructeurs (ravalement, réfection de la toiture).

2 - LA GARANTIE DE PARFAIT ACHÈVEMENT

Elle a une durée d'un an à compter de la date de réception des travaux, que celle-ci soit faite avec ou sans réserve. Elle est due par l'entrepreneur ayant réalisé les travaux et par lui seul. Ses sous-traitants ne sont pas concernés.

⚠ REMARQUE

L'assurance dommage-ouvrage ne prend effet qu'un an après la réception de l'ouvrage, au terme de la garantie de parfait achèvement, et se termine 10 ans après. La loi du 4 janvier 1978 dispose également que les travaux d'isolation phonique relèvent de cette garantie.

3 - LA GARANTIE DE BON FONCTIONNEMENT

Appelée souvent « **garantie biennale** », sa durée est de **2 ans après la réception**. Elle couvre les éléments d'équipement non incorporés par opposition aux éléments de la construction, objet de la garantie décennale.
Exemple : revêtement des sols, murs, faux plafonds, portes et fenêtres, robinetterie, ascenseurs, chaudières (sauf dans le cadre d'un chauffage central).
Cette garantie est d'ordre public. Toute clause d'un contrat qui aurait pour but de l'exclure ou d'en limiter les effets est nulle.

4 - L'OBLIGATION DE RÉSULTAT

Le **constructeur ou le promoteur** doit impérativement remettre à l'acquéreur l'objet du contrat exempt de vices, sinon il doit réparation du préjudice subi. Pensons ici à des désordres constatés dans un immeuble ou dans les annexes (voirie, réseaux divers, court de tennis, piscine). Lors d'une opération en VEFA, par exemple, ces désordres ne relèvent ni la garantie biennale, ni décennale. **L'acquéreur peut avoir un recours** à l'encontre du constructeur sur le fondement de la responsabilité contractuelle de droit commun.

5 - L'OBLIGATION DE CONSEIL PROFESSIONNEL

Le professionnel a une obligation de conseil envers son client. Architecte, entrepreneur dans le gros œuvre ou le second œuvre, chacun doit fournir conseils et informations non seulement sur les travaux entrepris mais sur les conséquences de ces travaux sur le voisinage (troubles de jouissance par exemple). Le conseil ne doit pas être « un simple renseignement », il peut porter sur des règles d'urbanisme, des permis de travaux (déclaration préalable). Le notaire n'échappe pas à ce devoir. Il doit mettre en garde son client acquéreur d'un bien et dont la description ou la destination serait en contradiction avec le règlement de copropriété. Il doit l'informer de risques fiscaux encourus lors d'une vente ou l'acquéreur rechercherait un motif d'économie d'impôt. Si l'acquéreur est un professionnel, il n'y a plus d'obligation.

6 - GARANTIES SUR LES PRODUITS ET LABELS

L'acquéreur, avant l'achat d'un logement neuf ou d'une maison individuelle en VEFA, peut vérifier si les matériaux ou la construction bénéficient d'un label ou répondent à des normes. Citons : les certifications Qualitel, habitat et environnement, NF logement.

7 – LA VEFA

Elle offre de nombreuses garanties énoncées dans la fiche n° 22 : LA VEFA.

FICHE 11 LE CRÉDIT IMMOBILIER

DÉFINITION

Le crédit immobilier est un **prêt à long terme** consenti pour l'achat d'un bien immobilier. Analysons la protection de l'emprunteur et celle du prêteur.

1 - LA PROTECTION DE L'EMPRUNTEUR

• Pour beaucoup de Français, l'**achat du logement destiné à l'habitation principale** reste le gros investissement de leur vie. C'est un acte qui doit être mûrement réfléchi car l'acquéreur va s'engager à rembourser une somme importante qu'il faudra payer à son prêteur mois après mois pendant une durée moyenne actuelle de 20 ans. Les prix de l'immobilier en 2018 malgré la faiblesse des taux fixes (moins de 1,5 %) augmentent les transactions (plus du million en 2019).

• L'**emprunteur** doit vérifier sa **capacité à rembourser un prêt** et faire une première analyse : totaliser les revenus du ménage qui doivent être fixes et réguliers. Enlever les crédits en cours (voiture, crédits à la consommation) et prendre 30 % de ce résultat. **La banque** effectuera ce calcul aussi. Ce **tiers des revenus nets** constitue le maximum tolérable d'un remboursement immobilier afin d'éviter une situation de surendettement.

• Ayant visité quelques biens correspondant à ses besoins, l'acquéreur peut se faire une idée du budget nécessaire, sans omettre les **frais liés à son acquisition** (notaire, agence, assurances, frais bancaires, hypothèque ou caution, travaux éventuels). En déduisant son **apport personnel** (s'il en a), l'acquéreur connaît l'importance de son besoin financier à emprunter et calcule sa mensualité (hors assurance) en taux fixe à l'aide de la formule suivante :

$$M = \frac{C \times T}{1-(1+T)^{-n}}$$

avec M : mensualité ; C : capital emprunté ; T : taux annuel à diviser par 12 ; n : nombre de mois

Exemple : un prêt de 160 000 € à 1,5 % sur 20 ans = 772,07 €/mois.

S'il signe une promesse de vente, l'acquéreur dispose d'un délai de rétractation de 10 jours. Si son prêt est refusé, la clause suspensive lui permet de se retirer sans perdre l'argent versé. Si son prêt peut être accordé, l'organisme préteur va faire une offre de prêt détaillée avec le calendrier des remboursements par LR + AR. L'emprunteur ne peut accepter cette offre valable 1 mois avant le délai de 10 jours, il ne pourra s'engager que le 11e jour ouvrable (art. L 312-7 C. Cons. – loi du 12 avril 1996 art 87 – loi Scrivner du 13 juillet 1979). Il dispose de 14 jours pour se rétracter (au lieu de 7 en 2010).

2 - LA PROTECTION DU PRÊTEUR

LES SÛRETÉS RÉELLES

Ce sont des garanties portant sur un bien immobilier appartenant à l'emprunteur qui va servir de gage à l'organisme financier prêteur.

• **L'hypothèque conventionnelle :** l'établissement préteur, créancier hypothécaire, prend une garantie qui lui permet, en cas de défaillance de l'emprunteur de faire vendre le bien aux enchères par voie judiciaire afin de recouvrer les sommes restant dues (capital + intérêts) au titre du prêt. L'hypothèque doit faire l'objet d'un acte notarié déposé à la conservation des hypothèques dans les 2 mois de la vente. Elle est levée automatiquement 12 mois après le terme du prêt, ou en cas de revente par une main-levée (notaire) et remboursement du restant dû, à l'organisme préteur, prélevé sur le prix de vente.

• **Le privilège du prêteur de deniers :** particulier à l'établissement de crédit, il permet en cas de défaillance de l'emprunteur et sans son consentement, d'exiger la vente du bien immobilier avant l'expiration de la dette et de récupérer sa créance en priorité devant tout autre créancier. L'enregistrement et la durée sont identiques à l'hypothèque, le coût est inférieur car dispensé de la taxe de publicité foncière. La réforme en 2006 des hypothèques instaure « l'hypothèque rechargeable » qui permet d'éviter de reconstituer une nouvelle hypothèque pour garantir un second emprunt ultérieurement dans le montant maximal prévu initialement mais un nouveau taux sera fixé.

LES SÛRETÉS PERSONNELLES

Il n'y a plus d'hypothèque, mais l'intervention d'une caution tierce personne physique ou morale qui va s'engager à rembourser le prêteur en cas de défaillance de l'emprunteur. La caution se présente sous forme d'un contrat écrit par lequel une personne physique ou le plus souvent une société de caution mutuelle, s'engage pendant toute la durée du prêt à rembourser l'établissement de crédit.

Il y a 2 types de cautionnement :

• **La caution simple** qui permet à la caution de demander à l'établissement de crédit de diriger ses poursuites en priorité contre l'emprunteur, puis contre les autres cautions au prorata de leur part de dette.

• **La caution solidaire** où la caution et le débiteur peuvent être poursuivis pour la totalité de la dette. Il y a un formalisme à respecter, sous peine de nullité, dans cet acte rédigé sous seing privé. La société de caution qui s'engage à rembourser l'établissement de crédit aura la possibilité de se retourner contre l'emprunteur défaillant et de saisir son bien. Pour l'emprunteur le coût est moindre : 1 à 2 % du montant du prêt.

FICHE **12** LE PRÊT À TAUX ZÉRO DE 2018 À 2021

En 2018, le prêt à taux zéro (PTZ) est reconduit avec un **périmètre réduit**. Il ne concernera que l'**achat en neuf** de logements situés en zone tendue (A, A bis, B1) pour financer jusqu'à 40 % du bien. À titre transitoire, cette année seulement, la zone B2 est maintenue, mais l'enveloppe sera de 20 % au lieu de 40 %. La zone C est éliminée. **Dans l'ancien**, le PTZ est maintenu pour les zones B2 et C sous conditions de travaux (au moins 25 %). Il est supprimé pour les zones A, A bis, B1. La politique étant de **favoriser la construction en zone tendue** et de maintenir la rénovation en zone rurale. Le PTZ est reconduit ainsi jusqu'à fin 2021.

1 - REVENUS DU MÉNAGE

Nombre de personnes	Zone A en euros	Zone B1 en euros	Zone B2 en euros	Zone C en euros
1	37 000	30 000	27 000	24 000
2	51 800	42 000	37 800	33 600
3	62 900	51 000	45 900	40 800
4	74 000	60 000	54 000	48 000
5	85 100	69 000	62 100	55 200
6	96 200	78 000	70 200	62 400
7	107 300	87 000	78 300	69 600
8 et +	118 400	96 000	86 400	76 800

2 - PART DE FINANCEMENT PAR LE PTZ

Pour le calcul du montant du PTZ, on applique un pourcentage de 40 % au coût total maximal de l'opération TTC dans la limite d'un plafond. Ce coût comprend le prix de la construction ou de l'achat et les honoraires de négociation. Les frais d'acte notarié et les droits d'enregistrement ne sont pas inclus.

Coût maximum sur lequel sera calculé le PTZ

Nombre de personnes	Zone A	Zone B1	Zone B2	Zone C
1	150 000	135 000	110 000	100 000
2	210 000	189 000	154 000	140 000
3	255 000	230 000	187 000	170 000
4	300 000	270 000	220 000	200 000
5 et +	345 000	311 000	253 000	230 000

3 - MONTANT MAXIMUM DU PTZ

Nombre de personnes	Zone A	Zone B1	Zone B2 neuf	Zone B2 ancien	Zone C ancien
1	60 000	54 000	22 000	44 000	40 000
2	84 000	75 000	30 800	61 600	56 000
3	102 000	92 000	37 400	74 800	68 000
4	120 000	108 000	44 000	88 000	80 000
5 et +	138 000	124 400	50 600	101 200	92 000

4 - TRANCHES DE REVENUS

Outre les plafonds définis ci-dessus, des tranches de revenus servent à calculer la durée de remboursement du PTZ et le différé de remboursement accordé, période pendant laquelle on ne remboursera que le prêt principal. Pour se situer dans les tranches de revenus, il convient de déterminer son coefficient familial en divisant ses revenus par un coéfficent en tenant compte de la composition du foyer :

QUOTIENT FAMILIAL

Nombre de personnes	1	2	3	4	5	6	7	8 et +
Coefficient	1	1,4	1,7	2	2,3	2,6	2,9	3,2

TRANCHES DE REVENUS

Tranche	Zone A	Zone B 1	Zone B 2	Zone C
1	Jusqu'à 22 000	Jusqu'à 19 500	Jusqu'à 16 500	Jusqu'à 14 000
2	Jusqu'à 25 000	Jusqu'à 21 500	Jusqu'à 18 000	Jusqu'à 15 000
3	Jusqu'à 37 000	Jusqu'à 30 000	Jusqu'à 27 000	Jusqu'à 24 000

Exemple : Un couple qui dispose de 35 000 € de revenus/an aura un quotient familial de 25 000 € (35 000/1,4) et se situera dans la tranche 3 pour un logement en zone A.

5 - DUREE ET DIFFÉRÉ

La durée du prêt dépend de la tranche dans laquelle se situe le quotient familial de l'emprunteur. Dans la première tranche, la durée du prêt atteint 25 ans avec un différé total pendant 15 ans. Pour la 2e tranche, le différé reste possible à 100 % pendant 10 ans pour une durée de 22 ans au total. Dans la 3e tranche, le différé passe à 5 ans pour une durée de prêt de 20 ans.

Tranche	Différé de remboursement	Durée de remboursement	Durée du prêt
1	15 ans	10 ans	25 ans
2	10 ans	12 ans	22 ans
3	5 ans	15 ans	20 ans

FISCALITÉ DE L'HABITAT EN 2021

DÉFINITION

Toutes les habitations, résidences principales ou secondaires, logements mis en location, sont soumis à des impôts et taxes. Le plus souvent, ils varient avec la destination du logement : occupation personnelle ou location.

1 - L'IMPÔT SUR LA FORTUNE IMMOBILIÈRE

Le gouvernement Macron souhaite que les Français investissent dans les entreprises plutôt que dans l'immobilier afin de produire plus de richesse et de créer de l'emploi. D'où en 2018, la création, lors de la loi de finances, de l'impôt sur la fortune immobilière (IFI). L'IFI concerne les patrimoines immobiliers nets de crédit immobilier, supérieur à 1,3 million d'euros :
– le taux d'abattement de 30 % sur la résidence principale est conservé ;
– la somme de l'IFI et de l'IR (impôt sur le revenu) ne doit pas excéder 75 %.
Le propriétaire, personne physique, doit estimer ses biens. En immobilier, la valeur est celle du marché. Les services fiscaux suivent les ventes effectuées, ville par ville et par secteur et disposent ainsi d'un observatoire redoutable envers l'assujetti qui minimiserait trop son bien. Il est admis en 2014 une décote de 30 % sur la valeur de l'habitation principale occupée par le déclarant à l'ISF. Le barème de 2013 est reconduit, voici celui au 1er janvier 2021.

Barème de l'IFI 2020

De 0 à 800 000 €	0 %	De 2 570 001 à 5 000 000 €	1 %
De 800 001 à 1 300 000 €	0,50 %	De 5 000 001 à 10 000 000 €	1,25 %
De 1 300 001 à 2 570 000 €	0,70 %	Supérieur à 10 000 000 €	1,50 %

2 - LA TAXE D'HABITATION

En 2020, la taxe d'habitation sur les résidences principales a été supprimée pour 80 % des foyers. L'exonération était accordée automatiquement aux ayants droit si leur revenu fiscal de référence (2019) était inférieur à 27 706 € pour 1 part, 35 915 € pour 1,5 part, 44 124 € pour 2 parts, etc. En cas de léger dépassement une réduction était prévue.
Les résidences secondaires et les logements vacants ne sont pas concernés.
En 2021, les ménages aux revenus plus élevés profiteront d'un dégrèvement de 30 % ; en 2022, il sera de 65 %. Tous les foyers seront exonérés en 2023.

3 - LA TAXE FONCIÈRE SUR LES PROPRIÉTÉS BÂTIES

Elle est due par tous les propriétaires et doit être payée, chaque année, au 1er janvier pour l'année entière. En cas de revente, la promesse de vente peut prévoir un remboursement au prorata de la période d'occupation par l'acquéreur. Si le bien est mis en location et que le propriétaire n'en règle pas le montant, le fisc, en vertu du privilège du trésor, peut saisir et encaisser les loyers du locataire pour recouvrer son dû. Des exonérations existent, liées à la personne (âge, revenus) ou à la nature du logement : 2 ans (immeuble neuf), 5 ans ou 15 ans dans certains cas, voire 20 et 25 ans et même permanentes dans les zones à risques (PPRN ou PPRT) pour des logements achevés antérieurement au plan. Si le logement est vide (non loué depuis plus de 3 mois), le bailleur peut demander un dégrèvement.

4 - TAXE D'ENLÈVEMENT DES ORDURES MÉNAGÈRES

Cette taxe est fixée chaque année par la commune ou l'établissement public de coopération intercommunale. Elle ne tient pas compte du volume déposé par l'occupant. Le taux est fixé en fonction du service rendu et de son coût. Les locaux où un service d'enlèvement des ordures n'est pas mis en place sont exonérés de la taxe. Cette taxe est récupérable sur le locataire pour sa période d'occupation. Même un parking est assujetti à la TEOM.

5 - TAXE DE BALAYAGE

Si la commune institue cette taxe, elle est due par tous les riverains d'une voie publique. Elle est calculée en fonction de la longueur de la façade et d'un barème au m² selon la catégorie de la rue. Elle peut être récupérée sur le locataire.

6 - TAXE SPÉCIALE D'ÉQUIPEMENT

Elle est instituée au profit des établissements publics fonciers et destinée au financement d'acquisitions foncières et immobilières. Toutes les communes ne la pratiquent pas. Son plafond est de 20 € par habitant (loi du 18/01/2005, art. 57-1 CGI, art. 1607 ter).

7 - AUTRES TAXES

Le propriétaire d'un logement mis en location supporte certaines taxes en plus : CSG, CRDS, prélèvements sociaux 2 %, contribution annuelle sur les revenus locatifs.

FISCALITÉ DE LA CONSTRUCTION

DÉFINITION

En France, la fiscalité prend grand soin du logement et de ses occupants qui seront suivis comme locataires ou propriétaires jusqu'à leur mort. Elle se manifeste pour la construction, dès l'achat du terrain à bâtir, puis pendant la construction, pendant la période d'occupation, à chaque mutation. La fiscalité varie chaque année (loi de finances - CGI). Elle accorde certains avantages à ceux qui peuvent en bénéficier (la défiscalisation). La fiscalité varie suivant la destination des locaux.

1 - LA TVA – TAXE À LA VALEUR AJOUTÉE EN IMMOBILIER EN 2021

LE RÉGIME DE DROIT COMMUN 20 %

Le régime de droit commun concerne :

– les **logements neufs** (autres que sociaux) construits et vendus par des sociétés de promotions immobilières ;

– les **ventes** (ou apports en société) de terrains à bâtir dont la construction intervient dans les 4 ans qui suivent la signature de l'acte et les livraisons à soi-même.

Nota : ne sont plus considérés comme neufs les logements achevés depuis plus de 5 ans ou qui dans cette période ont fait l'objet d'une revente à titre onéreux. Ils sont alors soumis aux droits de mutation et non à la TVA.

LE RÉGIME DE TAUX INTERMÉDIAIRE 10 %

Le taux intermédiaire qui était à 7 % passe à 10 %. Ce taux intermédiaire est appliqué pour les travaux de rénovation dans les logements anciens.

LE RÉGIME DE TAUX RÉDUIT 5,5 %

Ce taux réduit concerne la fourniture de chaleur produite par les énergies renouvelables.

Ces différents taux de TVA sont appliqués au 1er janvier 2014 selon l'article 68 de la 3e loi de finances rectificative pour 2012. Le taux applicable en Corse passe de 8 % à 10 %.

Une réforme, à compter du 1er janvier 2021, entrera en vigueur dans l'UE. Elle concerne principalement les ventes en ligne :

– suppression de l'exonération de la TVA à l'importation pour les envois de moins de 22 € ;

– à l'importation, l'acquittement de la TVA sera simplifié pour les produits de moins de 150 €.

Après la réforme de l'urbanisme, de nombreuses taxes ont été supprimées.
Depuis le 1er janvier 2015, les taxes d'urbanisme se limitent à :
– la nouvelle taxe d'aménagement (TA) ;
– le versement pour sous densité (VSD).

2 - LA TAXE D'AMÉNAGEMENT (TA)

• Elle est due pour toutes opérations d'aménagement, de construction, de reconstruction et d'agrandissement de bâtiments ou d'installations, nécessitant une autorisation d'urbanisme (permis de construire ou d'aménager, demande préalable). Son montant dépend de la SHON (surfaces closes et couvertes, sous une hauteur sous plafond supérieure à 1,80 m, calculée à partir du nu intérieur des façades).
Elle est due lors du dépôt du PC, de la DP, du PA (permis d'aménager).

• Elle est, en 2020, d'un montant au m² de construction de :
– 759 € hors Île-de-France et 860 € en Île-de-France ;
Pour d'autres installations, elle fait l'objet souvent d'un forfait :
– 200 €/m² pour une piscine ;
– 10 €/m² de surface de panneaux photovoltaïques fixés au sol (les panneaux thermiques sont exonérés) ;
– 2 000 à 5 000 € par emplacement de stationnement extérieur ;
– 10 000 € par emplacement d'une habitation légère de loisirs (HLL) ;
– 3 000 € par emplacement de tente, caravane, *mobil-home*, dans un terrain de camping ou aire naturelle, et par éolienne de plus de 12 m de hauteur.
Ces taxes sont actualisées chaque année sur l'ICC (base 1621 en 2015).

3 - LE VERSEMENT SOUS DENSITE (VSD)

Le but visé est l'**économie de l'espace** et la **lutte contre l'étalement urbain**.
Ce dispositif est réservé aux zones U et AU des PLU ou des POS permettant aux communes et EPCI compétents en matière de PLU qui le souhaitent, d'instituer un seuil minima de densité par secteur. En deçà, le constructeur devra s'acquitter d'un versement calculé sur la moitié de la valeur du terrain et de la surface manquante pour atteindre le seuil minimal. Le versement pour dépassement du plafond légal de densité a été abrogé par loi SRU du 13/12/2000 (sauf exception).

FICHE 15 LES REVENUS FONCIERS

■ DÉFINITION

Chaque année, le **bailleur doit déclarer les revenus** qu'il tire des locations de terrains, locations nues ou meublées, garages, entrepôts, terres agricoles qu'il soit directement propriétaire ou à travers une société non soumise à l'impôt sur les sociétés. Les déclarations s'effectuent sur des modèles n° 2042 - 2044 ou 2044s selon les régimes d'imposition adoptés. Les bénéfices sont soumis à l'impôt sur le revenu (tranches de 0 à 45 %) et aux prélèvements sociaux (17,2 %).

1 - LOCATION NON MEUBLÉE

Le choix est offert au bailleur de deux régimes de déclaration.

Le micro foncier

Ce régime s'applique en 2021 (déclaration pour 2020) au bailleur dont les revenus fonciers ne dépassent pas 15 000 €. Il aura droit à un abattement de 30 %.

Exemple

Un logement loué 1 000 €/mois soit 12 000 € (– 30 %) – 3 600 € donnera un net imposable de 8 400 €. Ce régime est intéressant pour le bailleur d'un bien, sans travaux ou frais importants de gestion, syndic... il abat un forfait sans justificatif de 3 600 €. Il peut sortir chaque année de ce régime.

Le régime du réel

- **Le bailleur** doit s'y tenir pour 3 ans, puis le régime est renouvelable par périodes d'un an. Ce régime est obligatoire si le bailleur dépasse 15 000 €. Il a la possibilité de déduire des recettes de l'année : toutes les charges supportées pour leur montant réel et justifié, toutes les dépenses d'entretien, d'amélioration, primes d'assurances, frais de gestion, charges de copropriété, taxe foncière, intérêts et frais d'emprunt.
- **Si le bailleur constate un déficit,** il pourra déduire un plafond de 10 700 € et reporter ce déficit déductible des recettes pendant les 10 années suivantes.
- **S'il a opté pour un régime fiscal particulier** (Robien, Borloo...), le bailleur pourra déduire l'amortissement prévu tant qu'il en respecte les règles (obligation de louer 9 ans par exemple).

⚠ *REMARQUE*

Depuis le 01/01/2006 le bailleur peut déduire toutes les assurances payées sur le bien et non plus l'assurance de garantie de loyers impayés comme avant.

2 - LOCATION MEUBLÉE (LOI DE FINANCES 2012)

Le bailleur dispose également de deux régimes : le micro-BIC et le BIC.
Il faut distinguer deux catégories de loueurs :

Le LMNP (loueur de meublé non professionnel)

• **Les recettes annuelles tirées des loyers meublés** sont inférieures à 23 000 € (ou supérieures à 23 000 € mais inférieures à 50 % des autres recettes du foyer fiscal). Ces revenus sont taxés à 15 % (CSG, CRPS).

• **Déclaration des revenus « au réel » (BIC).** Pas d'abattement sur les loyers perçus. En cas de déficit, report possible pendant 10 ans (cas de l'amortissement du bien).

• **Le micro-BIC** s'applique de plein droit si les recettes sont inférieures à 70 000 € ou 170 000 € en chambre d'hôtes. Un abattement forfaitaire est appliqué sur les loyers : 50 %. L'abattement est de 71 % pour les meublés classés et chambre d'hôtes. Il ne peut être inférieur à 305 €.

• **Une nouvelle réduction d'impôt est accordée aux LMNP,** égale à 11 % du prix de revient des logements pour les investissements réalisés dans des résidences pour : personnes âgées, handicapés, étudiants, résidence de tourisme avec classement. Réduction plafonnée à 30 000 €.

• **Les biens mis en location** par le LMNP sont soumis à l'IFI.

Le LMP (loueur de meublé professionnel)

• **L'inscription** au RCS n'est plus obligatoire depuis le 8 février 2018.
• **Il est imposé** au BIC (réel).
• **Les recettes locatives** dépassent 23 000 € et représentent 50 % des revenus du foyer fiscal.
• **Fiscalité :** les charges (travaux, intérêts d'emprunt...) peuvent être déduites des loyers perçus. Les déficits sont reportables sur le revenu imposable global de l'investisseur.

FICHE 16 LA DÉFISCALISATION EN 2021- LOI PINEL

DÉFINITION

Afin de **favoriser la construction de logements**, l'État a mis en place des régimes particuliers offrant des avantages fiscaux aux investisseurs. En effet, il s'agit de trouver des acheteurs dont le but est de louer (et non pour y habiter eux-mêmes). Ces dispositions vont **relancer la construction et procurer du travail, développer l'offre de location,** permettre de loger des ménages dans de bonnes conditions. Les logements devant répondre à des normes (réglementation thermique), sont proposés à la location avec souvent des règles strictes (plafond de ressources, plafond de loyers). L'investisseur profite de déductions fiscales qui vont réduire son imposition sur ses revenus. Au 1er janvier 2021, cette loi est supprimée pour les maisons.

1 - LA LOI PINEL

Mise en place par la Ministre du logement, Sylvia Pinel, en septembre 2014, cette loi présente les avantages suivants : déduction d'impôts selon la durée de location : 21 % pour 12 ans (2 % par an pendant 9 ans, puis 1 % les 3 dernières années), 18 % pour 9 ans, 12 % pour 6 ans (2% par an) ; on peut investir sans apport et ainsi se constituer un patrimoine immobilier ; location possible à un membre de sa famille (non membre du foyer fiscal) ; assurer sa retraite en continuant à louer après les délais de la période légale ; la taxe foncière, en partie exonérée les 2 premières années, est déductible des revenus fonciers ainsi que les frais de gestion immobilier ou les intérêts d'emprunt.

Mais il y a aussi des conditions à respecter : l'investissement est limité à 300 000 € par an, avec un plafond de 5 500 €/m^2 ; la situation du bien se trouve en zone éligible ; la location est d'une durée de 6, 9, 12 ans ; respect des plafonds de loyers de la zone et plafonds de ressources du locataire ; la construction doit respecter les normes énergétiques (BEPOS – RT 2020) ; le plafonnement des avantages fiscaux est limité à 10 000 €. Ce régime peut intéresser tout contribuable dépassant 2 500 € d'impôts.

2 - LES ZONES ÉLIGIBLES

Zones	Communes concernées
Zone A bis	Paris et sa première couronne
Zone A	2e couronne parisienne et Lyon, Marseille, Nice, Lille
Zone B1	Les grandes agglomérations françaises de plus de 250 000 habitants et Toulouse
Zone B2	Les villes moyennes entre 50 000 et 250 000 habitants
Zone C	Le reste du territoire n'est plus éligible au Pinel, sauf dérogations.

3 – LES PLAFONDS DE LOYERS MENSUELS (€/M²)

Zone A bis	Zone A	Zone B1	Zone B2 (C dérogation)
17,43	12,95	10,44	9,07

Les plafonds de loyers sont diminués ou majorés selon la surface habitable. Un coefficient multiplicateur est appliqué selon la formule (0,7 + 19)/surface habitable. Le résultat est arrondi à la 2e décimale la plus proche et ne peut excéder 12.

4 – LES PLAFONDS DE RESSOURCES ANNUELLES DES LOCATAIRES POUR 2020

Composition du foyer fiscal du locataire	Zone A bis	Zone A	Zone B1	Zone B2 (C dérogation)
Personne seule	38 465	38 465	31 352	28 217
Couple	57 489	57 489	41 868	37 681
Personne seule ou couple avec 1 personne à charge	75 361	69 105	50 349	45 314
Personne seule ou couple avec 2 personnes à charge	89 976	82 776	60 783	54 705
Personne seule ou couple avec 3 personnes à charge	107 053	97 991	71 504	64 354
Personne seule ou couple avec 4 personnes à charge	120 463	110 271	80 584	72 526
Majoration par personne supplémentaire	+ 13 421	+ 12 286	+ 8 990	+ 8 089

5 – LE RÉGIME PINEL OUTRE-MER

Cette année, l'avantage fiscal est augmenté pour les territoires en Outre-mer. Il est de 23 % sur 6 ans, 29% sur 9 ans et 32 % sur 12 ans. Les plafonds restent les mêmes pour les investisseurs : 300 000 € et 5 500/m².

6 – LE PINEL ET LA RÉNOVATION

Le Pinel profite surtout à la construction neuve ou en VEFA. Il faut savoir qu'il peut être adapté à l'ancien. L'acquéreur peut acheter un bien ancien, le rénover par des gros travaux de réhabilitation pour accéder aux normes BBC Rénovation ou HPE Rénovation, et que les parties communes soient en parfait état.

CRÉDIT D'IMPÔT ET AIDES POUR TRAVAUX DANS L'HABITAT ANCIEN

1 - OBJECTIF

Le parc de logements anciens est très important, mais souvent mal entretenus par leurs propriétaires (qui ne doivent louer qu'un logement décent – Loi ALUR). Différents régimes sont mis en place pour inciter les bailleurs à effectuer des travaux.

2 - LE DISPOSITIF DENORMANDIE (du 1er janvier 2019 au 31 décembre 2022)

• L'investisseur qui achète de l'immobilier ancien dans l'une des communes labellisées « cœur de ville » ou faisant l'objet d'une ORT (Opération de Revitalisation du Territoire) peut profiter d'une déduction d'impôt sur le revenu (environ 250 communes).

– Les travaux de rénovation doivent représenter moins de 25 % du coût de l'opération ;

– L'avantage fiscal est étalé en fonction de la durée de location ;

– La réduction d'impôt est de 12 % du prix du bien (location 6 ans), elle est de 18 % pour une location de 9 ans et 21 % pour 12 ans ;

– L'investissement est plafonné à 300 000 € (s'il y a un surplus, il ne sera pas pris en compte) ;

– Le logement doit être loué au prix raisonnable, nu, en respectant certains plafonds de loyer et de ressources (id. PINEL).

3 – MA PRIME RÉNOV' – 2021

Elle permet de financer les travaux d'isolation, de chauffage, de ventilation d'une maison individuelle ou d'un appartement qui doivent être réalisés par des entreprises RGE. Les « passoires thermiques » (logements classés F et G) bénéficient d'un bonus de 1 500 €. De plus, si ces travaux permettent d'atteindre la classe B ou A, une surprime de 1 500 € viendra s'ajouter (bonus BBC).

4 – LE PROGRAMME « HABITER MIEUX SÉRENITÉ »

• Piloté par l'ANAH, il concerne les propriétaires bailleurs si le loyer de leur bien est conventionné pendant 9 ans, et les propriétaires occupants (plafond de ressources).

Cette aide varie de 1 600 à 2 000 € sous condition d'amélioration énergétique de 25 % ou de 7 000 à 10 000 € soit 35 % ou 50 % du montant des travaux HT pour les propriétaires occupants.

• Les propriétaires bailleurs peuvent bénéficier d'une aide maximum de 15 000 € (187,5 €/m²), une prime « HABITER MIEUX » de 1 500 €, une déduction fiscale sur les revenus fonciers si l'amélioration de la performance énergétique atteint au minimum 35 %.

Ces subventions peuvent se cumuler avec le crédit d'impôt pour la Transition Énergétique (CITE).

LA DÉFISCALISATION EN 2021

DÉFINITION

C'est la recherche légale de moyens permettant à un contribuable lourdement chargé en impôt d'échapper en partie ou en totalité à l'impôt sur les revenus fonciers. Pour cela, il va se tourner vers des investissements défiscalisants.

1 - L'OBJECTIF

Le propriétaire est déjà à la tête d'un patrimoine immobilier locatif. Son objectif n'est pas la rentabilité immédiate qui viendrait augmenter ses revenus fonciers à déclarer. Il recherche au contraire des investissements qui vont augmenter son patrimoine, certes, mais qui vont réduire ses impôts.

Les dispositifs actuels sont :

- la réhabilitation de logements neufs ou anciens ;
- la résidence pour étudiants, pour personnes âgées ;
- la résidence dans les DOM-TOM ;
- le Malraux ;
- le régime Pinel ;
- le régime Censi-Bouvard, prolongé jusqu'au 31 décembre 2021 ;
- le régime Girardin (Fonds d'investissement et placement) concernant les logements sociaux et industries outre-mer.

2 - LES AUTRES DÉFISCALISATIONS POSSIBLES

• **On peut penser à investir dans la forêt,** si l'acquéreur n'est pas pressé sur le plan de la rentabilité, car avant de vendre son bois, il faut qu'il pousse ! C'est une énergie renouvelable. Le « Défi Forêt » (dispositif d'encouragement fiscal à l'investissement en forêt) existe depuis 2001 et se décline en trois versions : le défi acquisition, le défi travaux et le défi gestion.

• **Le défi acquisition** prévoit une réduction d'impôt de 18 % du montant de l'investissement dans la limite annuelle de 5 700 € pour une personne seule et 11 400 € pour un couple, soit un gain fiscal de 1 026 € pour une personne seule et 2 025 € pour un couple. Des conditions de surface sont imposées.

• **En défi travaux,** ayant pour but d'améliorer la forêt, une réduction d'impôt de 18 % est possible. La réduction est étalée sur 4 ans, le plafond est de 6 250 € pour une personne seule ou 12 500 € pour un couple. Les travaux doivent être réalisés sur une parcelle de 10 hectares.
Les terres agricoles ne bénéficient pas d'aide à l'impôt, mais procurent des avantages en matière d'IFI et de droits de succession.

3 - LA LOI MALRAUX

• Elle concerne la rénovation des immeubles anciens dans le cadre de la mise en valeur d'un patrimoine architectural (quartier sauvegardé à caractère historique ou esthétique).
• Le propriétaire doit :
– lancer une restauration complète de son bien ;
– le donner en location pendant 9 ans.
• Le propriétaire bénéficie d'une réduction d'impôts de 30 % du montant des travaux pendant quatre ans dans la limite annuelle de 100 000 € (soit 30 000 € d'économies d'impôts par an).
• L'avantage de cette loi concerne les porteurs de parts en SCI ou SCPI au prorata de leur nombre de parts.
• Les travaux de restauration en loi Malraux 2014 doivent obligatoirement faire l'objet d'une autorisation spéciale délivrée par le préfet (ASP) avant le démarrage des travaux qui seront suivis par les Architectes des Bâtiments de France.

4 - DANGER POUR L'INVESTISSEUR !

• L'investisseur ne doit pas être guidé par les seuls avantages fiscaux à venir. Il doit vérifier que le bien est situé dans une zone favorable à une demande de location (bassin d'emplois, ville universitaire, site de loisirs…) et que le loyer correspond au marché local.

• Dans de nombreuses villes (Sud-Ouest par exemple), des constructions neuves sont vides faute de locataires. Les propriétaires-bailleurs doivent rembourser des mensualités à la banque. L'administration fiscale réclamera le remboursement de la TVA et des avantages fiscaux reçus puisque l'obligation de location n'est pas remplie.

FISCALITÉ SUR LES PLUS-VALUES ET MUTATIONS

1 - LA PLUS-VALUE IMMOBILIÈRE

Depuis le 1er janvier 2018, la fiscalité est augmentée en passant à 36,2 % décomposée ainsi :
– taux de prélèvement fiscal : 19 % ;
– taux des prélèvements sociaux : 17,2 %.
Comme auparavant l'habitation principale est exonérée en cas de revente. Les terrains à bâtir ne sont pas concernés par la réforme.

2 - LA TAXATION DES PLUS-VALUES

• **Il y a une double taxation** pour un montant de 36,2 %. Elle est due au taux plein pour les reventes dans les 5 ans suivant l'achat. Elle diminue en fonction de la durée de détention en suivant deux régimes :
– la plus-value est exonérée au bout de 22 ans (impôt sur le revenu – taux de 19 %) ;
– la taxation à 17,2 % (prélèvements sociaux) se poursuit jusqu'à la 30e année.

Taxation des plus-values			
Durée de détention	Taxation	Durée de détention	Taxation
0 à 5	36,20 %	18 à 19	17,69 %
6 à 7	34,78 %	19 à 20	16,27 %
7 à 8	33,35 %	20 à 21	14,84 %
8 à 9	31,93 %	21 à 22	13,42 %
9 à 10	30,50 %	22 à 23	12,38 %
10 à 11	29,08 %	23 à 24	10,84 %
11 à 12	27,66 %	24 à 25	9,29 %
12 à 13	26,23 %	25 à 26	7,74 %
13 à 14	24,81 %	26 à 27	6,19 %
14 à 15	23,39 %	27 à 28	4,64 %
15 à 16	21,96 %	28 à 29	3,10 %
16 à 17	20,54 %	29 à 30	1,55 %
17 à 18	19,11 %	Au-delà	0 %

• **Surtaxe :** si la plus-value est supérieure à 50 000 € elle est assujettie à une surtaxe variant de 2 % à 6 % dès le premier euro (taxe Eckert).

3 - TERRAINS CONSTRUCTIBLES

La taxation sur la plus-value des terrains à bâtir (TAB) s'aligne depuis le 1er septembre 2014 sur celle des biens immobiliers (tableau ci-dessus). En 2017, un abattement est exercé pour les 200 premiers m² et une majoration de 3 €/m² sera crée, mais les collectivités locales peuvent intervenir pour modifier ces bases.

4 - DÉFINITION DE LA FISCALITÉ DE LA MUTATION

Il faut en tenir compte à chaque mutation, à titre gratuit ou onéreux d'un logement car la France, avec 5,09 % de droits lors de la cession d'un logement ancien, est dans les taux les plus élevés en Europe. Elle s'exerce sur les mutations à titre gratuit : successions, donations, donation partage ainsi que les mutations à titre onéreux.

Fiscalité de la mutation à titre gratuit

• Lors de la 1re transmission à titre gratuit, les logements sont frappés d'un impôt sur la valeur résiduelle (valeur vénale du bien moins les abattements).
• Des abattements s'appliquent à la valeur vénale du bien selon le destinataire : ligne directe, conjoint, enfant (par exemple 80 724 € entre vifs).
• Le taux d'imposition varie selon que la transmission s'effectue entre ascendants et descendants, entre époux, frères et sœurs, collatéraux ou non parents, pacsés, ou entre nue-propriété et usufruit. Le taux est progressif suivant la valeur transmise après abattement. Il va de 5 % à 60 % (pour les cas extrêmes au-delà du 4e degré ou pour les non parents).

Fiscalité de la mutation à titre onéreux

• Terrain nu à batir : suit le régime de la TVA.
• Logement neuf :
• cession de moins de 5 ans – TVA 20 % + 0,715 % (taxe de publicité foncière) ;
• cession de plus de 5 ans – fiscalité des logements anciens pour les droits de mutation + la taxe départementale (3,6 %) + la taxe communale (1,20 %) et les frais d'assiette (2,5 %) de la taxe départementale ; l'État bénéficie d'une taxe de 0,2 %.
Ces taxes sont à la charge de l'acquéreur.

La fiscalité de la mutation passe par la taxation des plus-values.

LA RT (RÉGLEMENTATION THERMIQUE) 2020

DÉFINITION

La RT 2020 une norme qui encadre et réglemente les constructions neuves à compter du 1er janvier 2021.

Succédant à la RT 2012, l'objectif est de construire des bâtiments à énergie positive (BEPOS), c'est-à-dire produisant plus d'énergie qu'ils n'en consomment.

1 - LA CONSOMMATION

• La RT 2020 pose plusieurs conditions en matière de consommation d'énergie :

– La consommation de chauffage doit être inférieure à 12 KW hep/m².

– La consommation totale d'énergie sera inférieure à 100 KW hep/m² (avec l'eau chaude, l'éclairage...).

2 - LES MOYENS

Ces constructions passives imposent :

– de réduire les besoins des habitants du logement. Pour que le bilan énergétique soit positif sur les cinq utilitaires (chauffage, éclairage, eau chaude, climatisation, auxiliaires), il faudra employer, par exemple, des panneaux photovoltaïques.

– de trouver des solutions pour moins consommer (isolation thermique renforcée, des systèmes thermiques efficaces, des apports naturels en luminosité).

3 - LES MATÉRIAUX

De nouveaux produits seront utilisés pour arriver à ce résultat et éviter tout gaspillage.

Le cahier des charges BEPOS est exigeant :

– Les matériaux utilisés doivent favoriser l'accumulation et la diffusion de la chaleur dans le bâtiment.

– Toits, fenêtres et murs doivent être pensés pour accumuler et restituer la chaleur mais aussi produire de l'électricité.

– L'orientation est réfléchie afin que le bâtiment puisse produire sa propre énergie.

– Les professionnels du bâtiment doivent utiliser des matériaux écologiques.
– L'ossature du bâtiment est à base de briques, de liège, de chanvre ou d'ouate de cellulose.

4 - REVENTE

En cas de surplus d'énergie, celui-ci pourra être revendu ou réinjecté dans le réseau public.

5 - LES COÛTS

- Les habitants d'un logement pourront constater une baisse du montant de leurs charges, ce qui ne les empêchera pas d'acheter des produits ménagers et électroménagers peu voraces et d'en limiter leur utilisation.
- Mais la mise en place de la RT 2020 aura un coût sur le prix d'achat des constructions. Économie d'une part chaque année, et surcoût lors de l'achat. Par contre, il y aura bien « plus-value » à la revente, car les futurs acquéreurs feront la différence entre ces logements BEPOS et les constructions anciennes (énergivores).

6 - L'INVESTISSEMENT

Les investisseurs sont informés : le régime PINEL sera éligible à l'avenir avec les logements répondant aux normes de la RT 2020.

FICHE 21 VENTES DE MOINS DE 5 ANS ET DE PLUS DE 5 ANS

DÉFINITION

La vente d'un appartement ou d'une maison individuelle, construit et achevé peut répondre à 2 régimes différents de frais de mutation :
• si le bien achevé a moins de 5 ans ;
• si le bien a plus de 5 ans.

1 - UN LOGEMENT « ACHEVÉ »

C'est un logement où les conditions d'habitabilité ou d'utilisation sont réunies en cas d'occupation même partielle des locaux quel que soit le titre juridique de cette occupation.

2 - LA TVA (20 %)

L'acquisition de ce bien est soumis à la TVA pendant la période comprise entre son achèvement et la fin de la 5e année. Elle viendra en déduction du prix tandis que l'acquéreur bénéficiera de « frais réduits », uniquement dans le cadre de l'achat en VEFA ou de sa première revente (voir fiche 22).
Précisons que sous le régime de la TVA nous trouvons :
• les constructions en cours ;
• la 1re mutation dans les 5 ans de l'achèvement ;
• les mutations suivantes, dans les 5 ans, si la ou les mutations précédentes sont faites au profit d'un marchand de biens.
Passée ce délai de 5 ans, la mutation du bien suit le régime d'une habitation ancienne.

3 - LES FRAIS PAYÉS PAR L'ACQUÉREUR

Ils sont de 4 sortes :
• **les émoluments du notaire** sont calculés sur le prix TTC (TVA comprise). Il peut y avoir des réductions suivant le nombre d'unités principales d'habitation : (10, 10 à 25, 25 à 100, 100 à 250, 250 à 500, + de 500). C'est la lecture du permis de construire qui le renseignera. En cas de revente d'un particulier à un autre, il n'y a pas de réduction, ni en cas d'achat seul d'une cave, d'un parking ou garage ;
• **les émoluments de formalités** (cadastre, extrait d'état civil) que le notaire traduit en UV à 3,90 € HT + TVA ;

- **les frais divers** (les débours : timbres fiscaux, conservateur) ;
- **la taxe de publicité foncière :** 0,715 % du prix d'achat HT.

Le vendeur va rembourser la TVA au prorata du temps qui reste pour arriver au terme des 5 ans, sans exonérations possibles que ce soit sa résidence principale ou secondaire. Il sera important qu'il soit prévenu avant la vente afin d'éviter toute déconvenue.

- Il signera l'imprimé fiscal n° 942 que le notaire déposera avec son acte à la conservation des hypothèques.
- Le montant de cette TVA sera retenu sur le prix de vente.

4 - LE BIEN VENDU A PLUS DE 5 ANS

Ce n'est pas pour autant un vieux logement, il est récent mais il subit les droits de mutation d'un logement ancien (il n'est plus question de TVA). L'acquéreur réglera le montant des « frais de notaire » à la signature de l'acte dont voici quelques exemples au 01/06/2017 (hors frais de négociation ou de prêts).

Prix de vente	Émoluments d'actes et débours	Taxes	Pourcentage
60 000	2 130 €	3 900 €	10,05
90 000	2 380 €	5 730 €	9,01
120 000	2 620 €	7 550 €	8,48
150 000	2 870 €	9 370 €	8,16
300 000	4 090 €	18 470 €	7,52
450 000	5 310 €	27 580 €	7,31
600 000	6 530 €	37 010 €	7,20
1 000 000	9 780 €	60 960 €	7,07

Le taux applicable varie selon le département entre 5,09006 %[1] et 5,80665 %.

[1] Seuls 3 départements (le 36, 38 et 56) maintiennent l'ancien taux.

5 - LES FRAIS DE NÉGOCIATION

(Ou commission d'agence). Ils sont libres et peuvent varier selon le prix de vente. Le taux pratiqué évolue entre 4 et 8 %.

6 - LES FRAIS DE BANQUE

Frais de garantie hypothécaire, frais d'acte notarié, conservateur.
Ils évoluent avec le montant du prêt.
À titre d'exemple, un prêt de 100 000 € génère des frais d'un montant de 1 185 € environ d'où l'intérêt de passer par un crédit caution (pas d'hypothèque).

FICHE 22

LA VENTE EN L'ÉTAT FUTUR D'ACHÈVEMENT (VEFA)

DÉFINITION

La VEFA est très courante. Elle consiste à acheter sur plan ou encore inachevé, un logement (en copropriété) ou maison individuelle. La législation entend protéger l'acquéreur des risques encourus dans ce type d'acquisition par des contrats très stricts et des garanties assorties d'assurances ainsi que le respect d'un formalisme rigoureux d'obligations des parties.

1 - LES GRANDES ÉTAPES DE L'OPÉRATION

Loi du 3 janvier 1967 – loi du 7 juillet 1967 – loi du 17 mai 2011 (art. 22).

- **Le promoteur** reste le maître d'ouvrage pendant la durée du chantier, c'est lui qui traite avec l'architecte et les entreprises.
- **Un contrat de réservation** sous seing privé est signé. Son contenu est très réglementé.
- **L'acquéreur** verse « un dépôt de garantie », sur un compte spécial ouvert à son nom dans une banque ou chez un notaire (5 % si le contrat définitif est signé dans un délai d'un an, 2 % avec un délai de 2 ans, rien au-delà).
- **Le contrat de réservation** est adressé à l'acquéreur (LR + AR) qui dispose d'un délai de rétractation de 10 jours. En cas de rétractation les sommes versées seront rendues sous 3 mois. Le vendeur doit respecter certaines clauses (délai de signature, prix, fournir les équipements indiqués, conditions de prêts).
- **Le contrat définitif** sera envoyé à l'acquéreur au moins 1 mois avant sa signature chez le notaire.
- **L'acte définitif** doit être le reflet exact du projet et comporter des mentions obligatoires.

2 - LE PAIEMENT

Il est strictement encadré par la loi et échelonné en fonction de l'avancement des travaux :

- 5 % à la délivrance du PC (s'il y a une garantie de remboursement) ;
- 12 % à l'ouverture du chantier (5 % si garantie de remboursement) ;
- 10 % à l'achèvement des fondations ;
- 15 % à l'achèvement des murs ;
- 20 % à la mise hors d'eau (toiture achevée) ;
- 15 % à la mise hors d'air (cloisons, portes, fenêtres) ;
- 20 % à la fin des travaux d'équipement.

Ces versements varient entre appartement ou maison :

	Appartement	Maison
À l'achèvement : fondations	35 %	20 %
À la mise hors d'eau	70 %	45 %
À l'achèvement des travaux	95 %	85 %
Solde à la livraison	5 %	15 %

3 - LA RÉCEPTION

Elle s'effectue d'abord entre le promoteur et les entreprises.

4 - LA LIVRAISON

• **L'acquéreur signe le procès-verbal** sans réserves et le promoteur lui remet les clés. L'acquéreur solde le transfert de propriété au profit de l'acquéreur.
• **L'acquéreur constate** un certain nombre de malfaçons ou de dysfonctionnements. La mention est portée au PV avec précision. Le promoteur viendra réparer mais cela n'empêche pas d'habiter dans les lieux. Le solde n'est pas versé dans l'attente des réparations.
• **L'acquéreur refuse la livraison** car les malfaçons importantes l'empêchent d'habiter les lieux. Le refus est constaté au PV. Pas de solde versé dans l'attente. L'acquéreur à tout intérêt à envoyer un LR + AR au promoteur, car en cas de difficulté, l'acquéreur devra saisir le TI ou le TGI.
Selon le contrat signé, une formule de révision de prix peut être prévue (BT 01 par exemple).

5- LES GARANTIES SPÉCIFIQUES

• **D'achèvement des travaux :** qui permet d'assurer à l'acquéreur que quoi qu'il arrive le logement sera livré.
• **De remboursement :** si le promoteur est défaillant.
• **De surface et de consistances de chaque pièce et dégagement :** l'acquéreur peut renoncer à l'achat si cet écart diminue de + de 10 % la valeur du logement.
Les autres garanties obligatoires à compter du PV de réception sont : l'assurance dommage-ouvrage et celles de parfait achèvement, bon fonctionnement, décennale, bonne isolation phonique (1 an).
À noter : l'assurance dommage-ouvrage souscrite par le promoteur est payée par l'acquéreur.

LE BAIL COMMERCIAL

DÉFINITION

Le bail commercial est un contrat de location affecté à un local commercial et il est l'une des composantes du fonds de commerce (bien mobilier). Il confère des droits et des obligations entre le locataire (commerçant) et le bailleur (propriétaire des murs).

1 - SITUATION DU BAIL

Le fonds de commerce est un ensemble de droits mobiliers corporels et incorporels dont le contenu est variable suivant l'activité exercée.

Fonds de commerce						
Éléments incorporels					Éléments corporels	
Bail	Clientèle	Enseigne	Nom commercial	Droits Brevets Marques	Matériel Outillage Mobilier	Marchandises

2 - LÉGISLATION

La loi Pinel du 18 juin 2014 (21 articles consacrés aux baux commerciaux) modifie la réglementation :
– le locataire peut donner congé par LR + AR (et plus obligatoirement par huissier) sans attendre une période triennale ;
– obligation d'établir un état des lieux d'entrée, de sortie et également en cas de cession d'un droit au bail ;
– depuis le 1er décembre 2014, la loi autorise la déspécialisation partielle du bail pour permettre le développement d'un commerce en difficulté ;
– élargissement de la compétence de la commission de conciliation ;
– sanctions contre les clauses abusives d'un bail ; cet article concerne les charges, taxes, clauses de solidarité… devenues limitées (décret au 01/01/2015) ;
– droit de préemption du locataire en cas de cession du local commercial (art. 21t L 145-46-1 du Code du commerce). Le bailleur doit faire une offre d'achat en bonne et due forme à son locataire.

3 - LE LOYER

Il est fixé au départ du bail d'origine et doit correspondre à la valeur locative du secteur (prix m² × surface pondérée). Le loyer est indexé sur l'ICC (voir la fiche 7) ou l'ILC (indice des loyers commerciaux), pour les nouveaux baux ou les renouvellements.

Il sera renouvelé soit sur les mêmes bases (loyer majoré de l'indice), soit à l'initiative du bailleur qui donnera congé avec proposition d'un nouveau loyer que le locataire pourra accepter ou refuser, le tribunal tranchera. Le locataire qui estime son loyer trop élevé peut, 3 ans après la date d'entrée dans les locaux ou 3 ans après le renouvellement du bail, le contester. Le bailleur peut invoquer de nouveaux facteurs de commercialisation justifiant une variation de la valeur locative. Le loyer peut être payé par mois, trimestre d'avance ou échu. Le dépôt de garantie est de 3 mois révisable afin de correspondre toujours à 3 mois de loyer.

4 - LA DESTINATION DU BAIL

Elle est prévue au départ en tenant compte de la législation et du règlement de copropriété éventuellement. Le locataire doit s'y tenir sous peine de résiliation du bail. Il pourra demander à son bailleur une extension (activités connexes) ou une déspécialisation à négocier (par exploit d'huissier).

5 - LES CHARGES

Mettant fin à une dérive des bailleurs, la loi Pinel (art. 145-40-2 du Code du commerce) interdit la mise à charge sur le locataire des gros travaux, assurances de l'immeuble, charges de copropriété.

- **La vente du fonds de commerce** est autorisée même sans l'accord du bailleur. Le vendeur peut rester solidaire de son acquéreur si c'est une clause du bail.
- **La cession du droit au bail** ne se fait qu'avec l'autorisation du bailleur, qui éventuellement fixera ses conditions (dérogation possible en cas de retraite ou invalidité). Un bail neuf est souvent refait au moment de la vente du pas de porte, le vendeur est libéré de la clause de solidarité.

Les autres baux hors du statut

- **le bail dérogatoire** (durée portée à 3 ans, loyer librement fixé ; art. 145-5 du C.C) renouvellement possible de 24 mois. Il permet au locataire de tester un produit ou de profiter d'un emplacement saisonnier ;
- **baux commerciaux de 10, 12, 15 ans et plus.** On trouve des baux de 12 ans dans les centres commerciaux par exemple. C'est un contrat entre le centre et le locataire avec une destination très précise du bail. Ce bail se termine à son terme, il n'est pas reconductible mais pourra faire l'objet de négociation pour obtenir un nouveau bail. Le loyer se compose souvent d'une partie fixe et d'une partie variable liée au CA (bail « à l'américaine »).

Tout bail d'une durée supérieure à 12 ans doit être établi par acte authentique.

LE BAIL MEUBLÉ

DÉFINITION

La location meublée est la location d'un logement garni de mobilier de façon suffisante pour permettre la vie courante. Ces locations sont régies par un contrat (le bail) signé entre les parties et qui est exclu du champ d'application de la loi du 6 juillet 1989, qui concerne les locaux vides (habitation principale).

LA LÉGISLATION

Art. 1714 à 1762 du Code civil - loi du 18 janvier 2005 - CCH art. 632-1, loi du 26 juillet 2005 (art. 33) et logement décent décret du 30 janvier 2002. Nous écartons ici les locations meublées dites « de loisirs » et les locations saisonnières (voir fiche 25).

Le bail écrit

- **Il est d'une durée d'un an renouvelable,** il concerne le meublé constituant la résidence principale du locataire, un logement loué en résidence secondaire, ou encore ne constituant pas la résidence principale. On trouvera le logement de fonction ou lié à un emploi.
- **Le bail écrit** est aussi, par dérogation, de 9 mois pour l'étudiant (art. 33 de la loi de 2005) il est non renouvelable par tacite reconduction.

Le renouvellement du bail

Il s'effectue par tacite reconduction mais il se peut que le bailleur ne souhaite pas le reconduire (sauf cas de l'étudiant). La loi impose maintenant des règles.

- Le bailleur doit, par LR + AR, 3 mois avant le terme du bail, informer le locataire de sa volonté de ne pas reconduire le bail, mais il doit justifier sa décision :
  - reprise du logement pour l'habiter ;
  - vente du logement ;
  - motif légitime et sérieux et notamment l'inexécution par le locataire de ses obligations essentielles.
- Le bailleur peut souhaiter renouveler le bail mais en modifiant les conditions de location (par exemple). Le bailleur doit informer le locataire par LR + AR. Préavis de 3 mois. Si le locataire refuse : le bail se termine.

LE CONGÉ

- **Par le locataire :** préavis de 1 mois (LR + AR).
- **Par le bailleur :** préavis de 3 mois à justifier (LR +AR).

LES LOGEMENTS SOUMIS AU CODE CIVIL

(Habitation secondaire, logement de fonction…)

- **La durée du contrat** est librement fixée entre les parties. Elle pourra donc être supérieure à un an.
- **Le congé par le locataire :** à tout moment avec préavis de 3 mois (LR + AR).
- **Le congé par le bailleur :** 3 mois avant le terme du bail ou de sa reconduction (LR + AR).
- **Le logement de fonction :** lié à l'emploi, en cas de perte d'emploi, l'employeur-bailleur et le salarié-locataire résilient le bail en même temps que le contrat de travail.

LES CHARGES

Elles sont souvent forfaitaires pour les contrats d'un an. Au-dessus de ce délai et en cas de reconduction du bail, il sera demandé une provision mensuelle et il sera effectué une régularisation en suivant les règles des décrets de 1987.

LE DÉPÔT DE GARANTIE

Il est éventuel et est d'un mois en général mais peut être de 2 mois (location de résidence secondaire - bail supérieur à 1 an). Il est réajustable à chaque augmentation de loyer. Il doit être rendu, en fin de location, dans le mois suivant.

- **Le bail** sera accompagné des états de risques naturels ou technologiques (voir fiche 5) et du diagnostic de performance énergétique.
- **Un état des lieux** contradictoire sera dressé à l'entrée et à la sortie.
- **Le locataire** respectera les obligations auxquelles il est tenu.
- **Les indices** de loyer seront le nouvel IRL (voir fiche 8).
- **Le bailleur** peut demander au locataire de fournir une garantie (le cautionnement d'un tiers).

LE BAIL MOBILITÉ

Créé en 2018 (loi Elan), d'une durée de 1 à 10 mois non renouvelable et sans dépot de garantie (Visale), le bail mobilité permet l'accès au logement aux étudiants, stagiaires et jeunes en formation.

LA LOCATION NUE

DÉFINITION

Issue de la loi de 1989 modifiée, la loi ALUR impose le recours à un contrat type, plus informatif envers le locataire.

1 - LE BAIL

Il doit comprendre en plus de l'identité et adresse des parties, de la prise d'effet et de la durée :
– la consistance, destination, surface habitable (telle que définie au CCH) ;
– la désignation des locaux, des équipements privatifs dont le locataire a l'usage exclusif ;
– la désignation des équipements et accessoires de l'immeuble dont l'usage est commun ;
– la désignation des équipements d'accès aux technologies de l'information et de la communication ;
– le loyer et garanties de paiement : montant, modalités de paiement, règles de révision, loyer de référence et loyer de référence majoré correspondant à la catégorie de logement définie par l'État, dans le département, dans les zones où l'arrêté (art.17-1) s'applique ;
– le montant et la date de versement du dernier loyer payé par le précèdent locataire, dès lors qu'il a quitté le logement moins de 18 mois avant la signature du bail ;
– la nature et le montant des travaux effectués dans le logement depuis la fin du dernier contrat ou de son dernier renouvellement ;
– le montant du dépôt de garantie, s'il est prévu, et le renoncement éventuel au bénéfice de la GLI ou VISALE.

2 - LES HONORAIRES DE LOCATION

Seuls seront partagés entre le locataire et le propriétaire, les honoraires afférents à l'organisation des visites, à l'établissement de l'état des lieux, à la rédaction du bail.
La loi prévoit un plafonnement des frais imputés au locataire, sur la base du m² de surface habitable selon la situation géographique du logement :
– 15 € pour Paris et 1re couronne ;
– 13 € zones tendues (Lyon, Bordeaux, Toulouse) ;

– 11 € en dehors de ces zones ;
+ 3 € sur tout le territoire (frais d'état des lieux).

3 - LES ANNEXES

• En plus des annexes normalement jointes au bail (réparations locatives, charges locatives),
• Il doit être remis une notice d'information précisant les droits et devoirs des locataires et bailleurs, les voies de conciliation et recours offertes pour régler les litiges, les droits et effets de la mise en œuvre de la GLI, si c'est le cas.
• En copropriété, joindre les extraits du règlement de copropriété (destination, jouissance et usage des parties communes et privatives, détail de la quote-part du lot loué dans les différentes parties des charges).

4 - LES DIAGNOSTICS OBLIGATOIRES

– DPE ;
– État des risques et pollutions (nouvelle appellation depuis le 3 août 2018) ;
– Risques d'exposition au plomb (logements antérieurs à 1949 ;
– Amiante (logements antérieurs à 1997) ;
– Gaz, électricité (installation de plus de 15 ans).

5 - LA PUBLICITÉ

Dès l'annonce de mise en location, les mentions suivantes doivent figurer (loi ALUR) :
– DPE (depuis le 1er janvier 2011) et autres diagnostics (fiche 5) ;
– le montant TTC des honoraires ;
– la surface habitable ;
– le fait que le logement est en copropriété ;
– le nombre de lots de la copropriété ;
– le montant annuel moyen des charges courantes ;
– l'existence d'une procédure de sauvegarde ou d'administration provisoire de la copropriété.

6 - ASSURANCE LOYER IMPAYÉ (GLI)

Le bailleur peut souscrire une assurance en garantie des loyers impayés. Depuis le 20/01/2016, la VISALE (visa pour le logement et l'emploi) gratuite et payée par Action logement vient soutenir les jeunes de moins de 34 ans en situation précaire (apprentis, stagiaires...).

LA COPROPRIÉTÉ

DÉFINITION

La copropriété est la situation dans laquelle un immeuble appartient à la fois à plusieurs personnes et à chacune d'elles séparément, le tout dans le cadre d'une organisation collective : le syndicat des copropriétaires organisé en assemblée générale.
Selon la loi : « Tout immeuble ou groupe d'immeubles bâtis dont la propriété est répartie entre plusieurs personnes par lots comprenant chacun une partie privative et une quote-part de parties communes constitue la copropriété. »

1 - LA LÉGISLATION

Le décret du 2 juillet 2020 concerne d'importantes mesures modifiant et organisant la copropriété (contrat de syndic, le conseil syndical, les assemblées, modes de notification...)

2 - LES ÉLÉMENTS DE LA COPROPRIÉTÉ

• **Le lot de copropriété** comprend une partie privative et une quote-part de parties communes exprimée en tantième (millièmes, dix millièmes, cent millièmes). On ne peut vendre un appartement (partie privative) sans vendre sa quote-part de parties communes (entrée, escalier, cour, jardin).
• **Les parties privatives** sont les parties du bâtiment et terrain réservées à l'usage exclusif de chaque copropriétaire. Sont parties privatives : l'intérieur du logement (pièces, cloisons, portes), les équipements sanitaires ou de chauffage individuel, ou de cuisine, les balcons, loggias, terrasses privatives, les fenêtres, volets, le décor intérieur et enfin les caves, celliers, garages et parking attribués à chaque lot.
• **Les parties communes** sont les parties des bâtiments et des terrains affectés à l'usage ou à l'utilité de tous les copropriétaires ou de plusieurs d'entre eux : le gros œuvre, coffres, gaines, cheminées, les locaux de services communs, les passages, corridors, escaliers, ascenseurs, équipement de chauffage collectif.

3 - L'ÉTAT DESCRIPTIF DE DIVISION

Il mentionne pour chaque lot son numéro (numérotation continue), sa situation, sa nature et les tantièmes correspondants qui tiennent compte de la consistance du lot, superficie, exposition, étage et vue.

4 - LE RÈGLEMENT DE COPROPRIÉTÉ

• **Un règlement de copropriété** doit obligatoirement être établi pour tout immeuble en copropriété. Dans un immeuble en construction, le promoteur, aidé par un géomètre expert pour l'état descriptif de division, va établir ce règlement : il sera rédigé par un notaire et déposé à la conservation des hypothèque afin d'être opposable à tous. Chaque copropriétaire en reçoit un exemplaire. Il va fixer toutes les règles de la copropriété : convocation des assemblées, nombre de conseillers syndicaux, destination des locaux jusqu'à la couleur des stores…

• **D'anciens règlements ne sont plus conformes** à la législation actuelle. La loi SRU du 13/12/2000 imposait leur mise à jour avant le 14/12/2008 afin de les mettre en conformité avec les quelques 15 textes sortis depuis la loi de 1965. La loi MOLLE[(1)] suspend cette date butoir de mise à jour et permet le vote de l'AG à l'art. 24 (et non 26). L'arrêté Novelli du 19 mars 2010 prévoit un contrat type comprenant un forfait de gestion courante. La loi Alur apporte trois changements en 2017 : la fiche synthétique (registre national des copropriétés), le fonds de réserve obligatoire pour travaux et les diagnostics techniques.

• **Le règlement ne peut être changé** mais certaines clauses peuvent être modifiées par le syndicat des copropriétaires réunis en assemblée.
Exemple : réglementer l'aspect des enseignes ou des plaques professionnelles, changer le nombre des membres du conseil syndical, réglementer le stationnement des véhicules de livraison ou de visiteurs, interdire l'accès à certaines personnes (démarcheurs, distributeurs de prospectus), fixer les périodes de chauffe.

5 - COPROPRIÉTÉS VERTICALES

Ce sont les immeubles que l'on rencontre couramment.

6 - COPROPRIÉTÉS HORIZONTALES

Ce sont des maisons individuelles disposées sur un terrain commun. Chacun est propriétaire de sa maison mais pas du terrain alentour et les charges (de voirie, éclairage, espaces verts, gestion) sont à répartir.
À ne pas confondre avec le lotissement où les co-lotis sont propriétaires de leur terrain.

(1) MOLLE : loi de mobilisation pour le logement et la lutte contre l'exclusion du 25.03.2009 (loi Boutin).

L'ASSEMBLÉE GÉNÉRALE

DÉFINITION

L'assemblée générale (AG) des copropriétaires constitue l'**instance la plus importante de la copropriété** car c'est à cette réunion que vont être prises toutes les décisions concernant la gestion, l'administration et l'entretien de la copropriété. Les délibérations votées à la majorité requise s'imposent à tous les copropriétaires (voir fiches 28-29).

1 - LES PARTICIPANTS

Ce sont **tous les propriétaires d'un lot**, que ce soit d'un appartement, d'un parking ou d'un local commercial, dès lors qu'ils justifient d'un titre de propriété. Chacun peut se faire représenter en remettant son pouvoir (reçu avec la convocation) à toute personne majeure et capable. Ce **représentant** peut être un copropriétaire, un locataire, une personne étrangère à la copropriété. En revanche, le **pouvoir** ne peut être entre les mains du syndic ou de son personnel. D'autre part, un représentant peut détenir plus de 3 pouvoirs à condition de pas dépasser 10 % des voix du syndicat. Si cette règle n'est pas respectée, l'AG peut être annulée.

2 - LA CONVOCATION

Elle est envoyée à tous les copropriétaires en LR + AR ou remise en mains propres contre émargement (pour ceux qui habitent sur place par exemple)[1]. Elle doit être remise ou envoyée 21 jours avant la réunion au minimum, sauf urgence. C'est le syndic qui convoque au moins une fois par an ; l'ordre du jour est élaboré lors d'une réunion préparatoire avec le conseil syndical.

3 - LE CONSEIL SYNDICAL

Il est **composé de copropriétaires élus** en art. 25 par les copropriétaires réunis en AG. Ses membres, dont le nombre est prévu souvent au règlement de copropriété, sont les représentants des copropriétaires auprès du syndic, dont ils vont contrôler les actes dans la gestion, l'administration, l'entretien de la copropriété, le respect du règlement, l'application des décisions adoptées en AG. Le **conseil syndical**, élu pour 3 ans, contrôle les factures et les comptes, prépare le budget prévisionnel. Le président du conseil syndical, élu par ses pairs, est le proche collaborateur de la copropriété auprès du syndic et son rôle est important.

(1) La convocation sous forme électronique est admise si elle donne la sécurité d'un accusé de réception et de l'accord des copropriétaites en AG.

4 - LE SYNDIC

• Il est **élu par l'assemblée** dès la première AG dans un immeuble neuf ou mis en copropriété. Élu en art. 25 (voir fiche 28), il a fait accepter un « contrat de syndic » pour une durée de 1 an à 3 ans maximum. Le **contrat de syndic** n'est pas renouvelable, un nouveau contrat doit être soumis au vote.

• **Son rôle est prépondérant,** c'est « l'homme de l'art », le conseil, le professionnel qui engage sa responsabilité, il a une caisse de garantie à hauteur des sommes collectées. Il représente le syndicat en justice si celui-ci est attaqué. Il peut ester en justice avec l'autorisation de l'AG et poursuivre les copropriétaires défaillants, par exemple. La loi ALUR impose un **nouveau contrat de syndic depuis le 2 juillet 2015** avec un forfait pour de nombreuses prestations.

5 - L'ASSEMBLÉE GÉNÉRALE

• **À chaque AG,** une feuille de présence est signée à l'entrée en séance par les présents et représentants munis de pouvoirs. Ceci permet de compter les tantièmes réunis et de savoir s'il y a une majorité suffisante pour présenter avec un succès possible, certaines résolutions.

• **Le déroulement de l'AG** va s'effectuer en suivant l'ordre du jour qui commence toujours par l'élection du président de séance (art. 24). C'est lui qui va conduire la séance : suivre ou inverser l'ordre du jour, donner des explications, permettre à chacun de s'exprimer, vérifier avec ses assesseurs la régularité des votes. Un procès verbal (PV), dressé en séance par le personnel du syndic, sera signé ainsi que la feuille de présence (pouvoirs détaillés : 4e recommandation relative à la copropriété du 27/06/2006).

• Le syndic ne dispose plus que d'un mois pour notifier le P.V., et non deux auparavant. Le délai de prescription des actions personnelles est ramené de 10 à 5 ans.

• **Syndics bénévoles** : ce sont, dans les petites copropriétés, des copropriétaires qui sont volontaires pour assumer la charge de syndic, sans ou avec une modeste indemnité, il n'ont pas de responsabilité civile, ni de caisse de garantie. 75 % des copropriétés sont gérées par des professionnels qui sont au nombre de 12 200 environ pour gérer près de 30 millions d'euros de charges annuelles courantes et de travaux et près de 7,5 millions de logements en copropriété.

LES MAJORITÉS

DÉFINITION

Chaque copropriétaire dispose d'un nombre de voix correspondant aux tantièmes de parties communes attachées à son lot, exprimées en 1 000e, 10 000e, 100 000e. En assemblée, c'est le total de ces tantièmes qui décidera de l'adoption ou du rejet d'une résolution.

1 - LA LÉGISLATION

- Avec la réforme de la copropriété apportée par les dispositions de l'ordonnance d'octobre 2019 (décret n° 2020-834 du 2 juillet 2020 qui modifie la loi n° 65-557 du 10 juillet 1965), un changement important bouleverse les majorités et offre des « passerelles » pour un second vote.
- Avant le décret du 2 juillet 2020, une résolution était adoptée ou rejetée en Assemblée si elle n'obtenait pas la majorité requise. On en restait là, et le sujet pouvait revenir à l'ordre du jour lors d'une autre assemblée (ordinaire ou extraordinaire). Maintenant on peut « passer » immédiatement à un second vote si une certaine majorité est atteinte, cela permet de régler les problèmes le même jour, et donc d'avancer. Les professionnels indiquent cette possibilité d'un second vote comme une « passerelle ».

2 - LA MAJORITÉ SIMPLE (ART. 24)

C'est la majorité des voix exprimées des présents et représentés. Les abstentions ne sont pas prises en compte.

3 - LA MAJORITÉ ABSOLUE (ART. 25)

C'est la majorité des voix de tous les copropriétaires. Exemple : pour une copropriété de 1 000/1 000e, la majorité requise devra être de 501 voix pour que la résolution soit adoptée.

4 - LA DOUBLE MAJORITÉ (ART. 26)

Elle requiert 2/3 des millièmes avec la majorité des copropriétaires. Exemple : la copropriété de 1 000/1 000e comprend 16 copropriétaires. Pour être adoptée, la résolution doit recueillir 501 millièmes et l'accord de 9 copropriétaires.

5 - L'UNANIMITÉ

Comme son nom l'indique, la résolution doit recueillir la totalité des millièmes pour être adoptée. Très difficile à obtenir !

6 - L'ARTICLE 22

Il dispose que si un copropriétaire possède une quote-part de parties communes supérieure à la moitié, le nombre de voix dont il dispose est réduit à la somme des voix des autres copropriétaires. Ceci afin que celui-ci n'obtienne pas gain de cause dans tous les cas.

7 - POUR CHAQUE DÉCISION, QUELLE MAJORITÉ ?

EXEMPLES

• **En art. 24 :** élection du président de séance, approbation des comptes, travaux d'entretien, travaux urgents, autorisation au syndic pour agir en justice, établissement de la période de chauffe, travaux d'accessibilité aux personnes handicapées, ravalement demandé par l'administration, budget, quitus au syndic.

• **En art. 25 :** désignation ou révocation du syndic, élection du conseil syndical, modification de la répartition des charges, travaux imposés par l'administration, ravalement amélioré, pose de compteurs séparés, travaux d'économie d'énergie, installation d'antenne collective, autorisation de travaux donnée à des copropriétaires affectant les parties communes, le refus d'un compte séparé au nom d'un syndicat, condamnation des vide-ordures, approbation du contrat de syndic.

Le syndic est soumis à la loi Grenelle 2, qui a elle-même de nombreuses obligations : DPE, installation d'équipement permettant la recharge des véhicules électriques, travaux d'intérêt collectif...

• **En art. 26 :** achat, vente, échange de parties communes, modification du règlement de copropriété, travaux d'amélioration et modification des charges induites, fermeture de l'immeuble et sécurité, travaux de surélévation et construction.

• **Unanimité :** suppression d'un service collectif, d'un élément d'équipement commun, modification de la répartition des charges, aliénation d'une partie commune, décision portant atteinte à la destination ou à l'usage des parties privatives.

• La loi ALUR du 24 mars 2014 a abaissé les seuils de majorité pour faciliter la prise de décision en AG (exemple : le ravalement simple : art. 24, et amélioration de l'isolation : art. 25).

LE TABLEAU DES MAJORITÉS

DÉFINITION

Le tableau des majorités, en vigueur depuis le 1er juin 2020, indique les modalités du vote pour chaque décision (voir fiche 28) :
– 1er ou 2e vote (passerelle) ;
– majorité simple (art. 24), absolue (art. 25), double (art. 26) ou unanimité.

Décision	1er vote	2e vote
Conseil syndical		
• Désigner les membres du conseil syndical	Art. 25	Art. 24
• Révoquer un membre du conseil syndical	Art. 25	Art. 24
• Supprimer le conseil syndical	Art. 26	
• Mettre en place des règles de fonctionnement du conseil syndical	Art. 24	
• Fixer un montant des marchés à partir duquel la consultation du conseil syndical est obligatoire	Art. 25	Art. 24
Gestion au quotidien de l'immeuble		
• Déterminer les horaires d'ouverture de l'immeuble	Art. 26	
• Supprimer le poste de gardien avec risque d'atteinte à la destination de l'immeuble	Unanimité	
• Supprimer le poste de gardien sans risque d'atteinte à la destination de l'immeuble	Art. 26	Art. 25
• Changer la catégorie du gardien et fixer le nombre de salariés de l'immeuble	Art. 26	Art. 25
• Instaurer un nouveau service	Art. 26	Art. 25
Parties communes et privatives		
• Louer une partie commune	Art. 24	
• Achat ou vente de parties communes portant atteinte à la destination de l'immeuble	Unanimité	
• Modification des charges consécutive à la décision précédente	Unanimité	
• Achat ou vente de parties communes sans atteinte à la destination de l'immeuble	Art. 26	Art. 25
• Modification des charges consécutive à la décision précédente	Art. 26	Art. 25
• Concéder des droits privatifs sur une partie commune	Art. 26	Art. 25
• Changer l'affectation d'une partie commune	Art. 26	Art. 25
• Modifier le règlement suite à la modification de l'affectation d'une partie commune	Art. 26	Art.25

• Modifier les charges suite à la modification de l'usage d'une partie privative	Art. 25	Art. 24
• Modifier les charges suite à la division d'un lot en vue de sa vente	Art. 24	
• Modifier les charges suite à la réunion de lots	Art. 24	
• Autoriser en permanence l'entrée de la force publique dans les parties communes	Art. 25	Art. 24
Charges et comptabilité		
• Approuver les comptes	Art. 24	
• Voter le budget prévisionnel	Art. 24	
• Constituer une réserve pour travaux futurs	Art. 25	Art. 24
• Placer les sommes de cette réserve	Art. 24	
• Constituer un fonds de solidarité	Art. 24	
• Modifier la répartition des charges (sans autre décision préalable)	Unanimité	
Division du syndicat		
• Créer un syndicat secondaire	Art. 25	Art. 24
• Modifier la répartition des charges suite à la création d'un syndicat secondaire	Art. 25	Art. 24
• Adapter le règlement suite à la scission du syndicat	Art. 24	
Assemblée générale		
• Élire le président de l'AG, le bureau	Art. 24	
• Mandater un tiers pour prendre une décision de gestion courante	Art. 25	Art. 24
• Fixer le montant des marchés au-delà duquel une mise en concurrence est obligatoire	Art. 25	Art. 24
Règlement de copropriété		
• Modifier le règlement de copropriété	Art. 26	Art. 25
• Adapter le règlement de copropriété pour le mettre en conformité avec la réglementation	Art. 24	
Syndic		
• Désigner le syndic (élire ou remplacer) et approuver le contrat de syndic	Art. 25	Art. 24
• Révoquer le syndic en cours de mandat	Art. 25	Art. 24
• Donner quitus au syndic	Art. 24	
• Mandater le syndic pour agir en justice	Art. 24	
• Mandater le conseil syndical pour agir en justice contre le syndic	Art. 24	
• Autoriser la conclusion d'un marché avec le syndic ou ses « alliés » et la copropriété	Art. 24	

LES RÈGLES COMPTABLES

■ DÉFINITION

De nombreuses copropriétés se trouvant en difficulté par manque de trésorerie, il faut prendre des mesures. De plus, il est nécessaire que tous les syndics utilisent les mêmes documents comptables afin de faciliter leur tâche en cas de changement de ceux-ci.

LA LÉGISLATION

Les règles comptables ont été modernisées par la loi SRU (2000) qui insère dans la loi du 10 juillet 1965, un article 14-3 selon lequel « les comptes du syndicat comprenant le budget prévisionnel, les charges et produits de l'exercice, la situation de trésorerie, ainsi que les annexes au budget prévisionnel sont établis conformément à des règles comptables spécifiques fixées par décret ».

• Depuis le 01/01/2002, les copropriétaires doivent voter le budget prévisionnel, chaque année au plus tard 6 mois après la clôture de l'exercice précédent. Les charges sont réglées par trimestre au quart du budget annuel.

• Depuis le 01/01/2006, normalisation des comptes sur le modèle des entreprises, c'est le plan comptable des copropriétés (décret du 18/03/2005).
Tous les syndics professionnels ou bénévoles, quelle que soit la taille de la copropriété, doivent :
– tenir une comptabilité d'engagement : les charges et les produits (recettes, dont les acomptes de charges reçus ou à recevoir de chaque copropriétaire) d'un exercice donné, ne seront plus comptabilisées au moment où la charge est engagée (exemple : pour des travaux, dès la passation de la commande ou à réception de la facture pour des petits travaux ou fournitures).
De même, le produit constitué par une indemnité d'assurance à percevoir sera inscrit dès la notification de l'accord de l'assureur et non à réception de ce montant ;
– s'en tenir à la nomenclature du nouveau plan comptable ; si les rubriques ne suffisent pas, les syndics ne pourront pas créer de nouveaux comptes mais des sous-comptes ;
– apurer les créances irrécouvrables et provisionner les sommes correspondantes dès la décision du lancement d'une saisie immobilière par l'AG ;

– en fin d'exercice restituer aux copropriétaires les sommes non employées et les produits encaissés. Les comptes d'attente ne pourront plus exister qu'exceptionnellement et devront être précisément justifiés ;
– présenter tous les ans aux copropriétaires 5 états récapitulatifs et conformes aux tableaux types figurant en annexe du décret du 18/03/2005 :

• Un état financier
(Équivalent au bilan annuel) faisant ressortir l'état des dettes et des créances ainsi que la situation de trésorerie du syndicat.

• Un compte de gestion général
Il présente les charges et les produits classés par nature selon le plan comptable.

• Le même compte de gestion en version analytique
Il sera présenté par catégorie de charges courantes (charges communes, charges bâtiment A, charges bâtiment B, charges ascenseur, charges parking...) selon les clés de répartition prévues dans le règlement de copropriété.

• Un compte de gestion pour travaux et opérations exceptionnelles
(Opérations non inscrites au budget prévisionnelles) Il est soldé à la fin de l'exercice considéré.

• Un état de travaux en cours
Et opérations exceptionnelles encore non clôturées.

Le conseil syndical peut vérifier les comptes à tout moment, mais les copropriétaires ne peuvent avoir accès aux documents qu'une seule fois par an.
Cependant, depuis le 01/01/2015, les syndics professionnels doivent proposer un « accès en ligne sécurisé par internet aux documents de la copropriété » sauf décision contraire prise par l'Assemblée en art. 25.

Achevé d´imprimer en Espagne par Grafo à Basauri
Dépôt légal: Janvier 2021 - Édition 01 - 17/7001/9